SOMOS HISTORIA DEL HACER
LA AUTOFORMACIÓN

MURAL CALLEJERO, anónimo
Fotografía de
P. Rafael Fernández de A.

Cuaderno de Formación N° 14
SOMOS HISTORIA POR HACER
P. RAFAEL FERNÁNDEZ DE A.

© **EDITORIAL NUEVA PATRIS S.A.**
José Manuel Infante 132, Providencia
Tels/Fax: 235 8674 - 235 1343
Santiago, Chile
Email: gerencia@patris.cl
www.patris.cl

Número de Inscripción: 145.878
ISBN: 978-96-246-286-0
1ª edición: Marzo, 2005
2ª edición: Enero, 2009

Diagramación: Margarita Navarrete M.

Impresor: Quickprint Ltda.
Enero, 2009
CHILE

P. RAFAEL FERNÁNDEZ DE A.

SOMOS HISTORIA
POR HACER

LA AUTOFORMACIÓN

CUADERNODEFORMACIÓN N°14

Contenido

Presentación 7

Primera Parte
La tarea de autoeducarse 11
1. La autoformación: una tarea central 13
2. El imperativo de autoformarse 19
3. Cooperar con la gracia 27
4. Autoformación y ascesis 31

Segunda Parte
Caminos de autoformación 37
1. El ideal personal 39
2. El propósito o examen particular 83
3. El horario espiritual 03
4. El sacramento de la reconciliación
   y la "cuenta mensual" 115

Tercera Parte
Medios complementarios de autoformación 21
1. Revisión del día, meditación de la vida
   y cuaderno personal 123
2. Renovación espiritual mensual 129
3. La dirección espiritual 133

Anexo
El ideal del matrimonio 137
Hicieron historia 167
Índice general 171

Presentación

¿QUIÉN de nosotros no quisiera tener una vida espiritual floreciente y llena de vigor, una fe viva, un amor ardiente al Señor, una rica vida de oración y un espíritu apostólico emprendedor y fecundo?

¿Por qué nuestros anhelos y aspiraciones, en este sentido, a menudo no obtienen los resultados que esperamos?

Son muchas las razones que pueden explicar esta situación. Sin embargo, una de las causas más recurrentes de ello es que no hemos sabido aplicar los medios necesarios para obtener los frutos deseados. La sabiduría milenaria de la Iglesia nos enseña que la vitalidad y fecundidad de nuestra vida cristiana requiere que la cultivemos a través de formas concretas, a las que denominamos medios ascéticos, costumbres, ejercicios o prácticas religiosas. Cada comunidad cristiana, cada escuela de espiritualidad o movimiento eclesial, desarrolla y cuenta con un camino y con formas propias que expresan, fomentan y protegen la vida que las caracteriza.

La vida monacal floreció a través de la Liturgia de las Horas y la *lectio divina*; la espiritualidad carmelitana generó un camino concreto de contemplación; los franciscanos, formas de vivir la pobreza; los jesuitas, sus ejercicios espirituales, etc. Y si indagamos en las comunidades que el Espíritu Santo ha suscitado en nuestro tiempo, encontramos lo mismo: el Catecume-

nado, los Cursillos de Cristiandad, los Carismáticos, el Opus Dei, los Focolarinos, etc., todos cuentan con medios de santificación y formas de vida propias. Sin éstos no serían lo que son.

Una sencilla comparación explica el porqué de esta realidad. Pensemos, por ejemplo, en lo que sucedería a un árbol si le quitamos un anillo de su corteza, o en qué pasaría con el raudal de agua que viene de la montaña ni no se la canalizara. El árbol se moriría y la fuerza y el don del agua se desperdiciarían. Por cierto, la corteza no es lo más importante del árbol, ni el canal es más importante que el agua que corre por su cauce. Tampoco las formas o medios ascéticos son más importantes que la vida del espíritu o la gracia que Dios nos regala. Pero si no se contase con formas o prácticas, a modo de la corteza y del canal, que fomenten la vida y la gracia recibidas y que posibiliten que esa vida y gracia plasme nuestra existencia entera, sin duda que, tarde o temprano, la iniciativa y el don de Dios en nosotros se desvanecerían.

Schoenstatt no constituye una excepción a lo que una y otra vez ha probado la historia de la Iglesia. Como toda comunidad o movimiento eclesial, posee medios ascéticos propios que expresan y fomentan su espiritualidad[1].

---

1. Si se desea se pueden consultar, respecto a la espiritualidad schoenstattiana, los siguientes textos publicados por editorial Nueva Patris: *"La fe práctica en la divina Providencia"*, *"La alianza de amor con María"*, *"La espiritualidad del Instrumento"* y *"Santidad. ¡Ahora!"*.

El corazón de Schoenstatt y secreto profundo de su vitalidad, lo que constituye su alma y su riqueza, es la alianza de amor con María en el santuario. Alianza que es vivida según la fe práctica en la divina Providencia y que plasma una auténtica santidad del día de trabajo. Alianza que nos conduce a Cristo y nos configura según su imagen.

Al servicio de esta vida están los medios ascéticos y de autoformación. Esa es la corteza que permite que suba la savia hasta las ramas, para que están florezcan y den frutos en abundancia.

Este libro quiere presentar, en una forma sencilla y práctica, los medios ascéticos que, desde el inicio, expresaron y fomentaron la vitalidad de Schoenstatt. Son formas y caminos concretos de autoformación que, desligados de la alianza de amor con María, de la gracia y presencia del Señor, del don del Espíritu Santo en nuestra alma, carecerían de sentido y perderían toda su eficacia; serían prácticas o ritos desprovistos de alma y, por lo mismo, serían desechables e infecundos.

Si, en cambio, los medios ascéticos y caminos de autoformación que Schoenstatt propone, se asumen y ponen en práctica, en el contexto de la alianza de amor, se podrá experimentar cómo la vida según el Espíritu crece y se fortalece en nosotros.

P. Rafael Fernández

José Engling
(1898 - 1918)

"Todo
para todos,
como
pertenenecia absoluta
a la Madre de Dios"

Primera Parte

La tarea de auto-educarse

1. La autoformación: una tarea central
2. El imperativo de autoformarse
3. Cooperar con la gracia
4. Autoformación y ascesis

Hermana Emilie Engel
(1893 - 1942)

"Sí, Padre,
sí, Madre"

1 La autoformación: una tarea central

> "En los designios de Dios cada hombre está llamado a promover su propio progreso, porque la vida de todo hombre es una vocación dada por Dios para una misión concreta".

DIOS no nos creó ya "hechos", "listos". Como afirma Ortega y Gasset, "Somos historia por hacer". Aunque la vida –según el mismo autor– "se nos dispara a quemarropa".

Cada uno de nosotros cuenta con fuerzas capaces de moldear su yo y darle un rostro definido. Nada puede dispensarnos de la tarea de autorrealizarnos. Somos un proyecto que llevamos a cabo con los "materiales" que poseemos. No nos hacemos de la nada: nos desarrollamos a partir de nuestras condiciones físicas, de la estructura psicológica original heredada y adquirida, de la realidad social, cultural y económica: en una palabra, de la realidad histórica que nos toca vivir. En este marco concreto se desarrolla la creatividad de nuestra libertad y la realización del plan que Dios tuvo al llamarnos a la existencia. El libro del Génesis nos dice que fuimos creados del "polvo del suelo" (Gen. 2, 7). En esa arcilla moldeable debe quedar impresa la fuerza plasmadora de nuestra libertad y del Espíritu de Dios en nosotros.

"En los designios de Dios –dice la encíclica Populorum Progressio– **cada hombre está llamado a promover su propio progreso, porque la vida de todo hombre es una vocación dada por Dios para una misión concreta**" (Nº 75). A partir del conocimiento de nosotros mismos y del conocimiento de la realidad que nos ro-

> Cada uno de nosotros está siempre en peligro de no ser ese sí mismo, único e intransferible que es.

dea, tenemos que asumir la tarea más importante: dar un sentido a nuestra existencia, conquistar la riqueza y originalidad de nuestra personalidad.

Por la libertad estamos dotados de la capacidad de autodecidirnos y de realizar lo que hemos decidido. Precisamente en esto nos diferenciamos en forma radical de los seres irracionales. "Mientras el tigre –afirma Ortega y Gasset– no puede destigrarse, el hombre vive en riesgo permanente de deshumanizarse. No sólo es problemático y contingente que le pase esto o lo otro, como a los demás animales, sino que al hombre le pasa a veces nada menos que no ser hombre. Y esto es verdad, no sólo en abstracto y en género, sino que vale referido a nuestra individualidad. Cada uno de nosotros está siempre en peligro de no ser ese sí mismo, único e intransferible que es. La mayor parte de los hombres traiciona de continuo ese sí mismo que está esperando ser." (El Hombre y la Gente, p. 45).

Es preciso, por lo tanto, ante la amenaza de la masificación y deshumanización reinantes, enfrentar el desafío de autorealizarse. Quien no despierta y toma las riendas de sí mismo en sus manos, pronto tendrá que lamentar y confesar: "Aquel que soy saluda tristemente al que debiera ser".

La encíclica Populorum Progressio continúa en el párrafo recién citado: "Desde nuestro nacimiento, nos ha

> No podemos abdicar de la tarea de crecer en humanidad, de valer más y ser más.

sido dado a todos, como en germen, un conjunto de actitudes y de cualidades para hacerlas fructificar; su floración, fruto de la educación recibida en el propio ambiente y del esfuerzo personal, permitirá a cada uno orientarse hacia el destino que le ha sido propuesto por el Creador. **Dotados de inteligencia y de voluntad, somos responsables de lo que hacemos de nuestra vida** ante nosotros mismos, ante Dios y ante nuestros semejantes; somos el principal artífice de nuestros éxitos o de nuestros fracasos; no podemos abdicar de la tarea de crecer en humanidad, de valer más y ser más".

¿Quiénes somos? ¿Cómo podemos definirnos a nosotros mismos? Somos un proyecto por realizar: seres germinales, polivalentes, amenazados y limitados.

1.1. Somos seres germinales

En primer lugar, porque nacemos como una posibilidad. El adulto no es un niño amplificado por un lente de aumento. La persona desarrolla sus cualidades a partir de un núcleo vital, desde su interior, y en confrontación con su ambiente. En ese germen vital se encuentran los talentos o potencialidades que deben fructificar. La semilla que no se cultiva permanece infecunda y se atrofia. También nosotros –seres germinales– somos una posibilidad: depende de nuestra responsabilidad y de nuestro espíritu de superación que esa posibilidad

> Estamos enfrentados a diversas opciones y tenemos que optar. "Dondequiera que el hombre pone su pie, pisa cien senderos".

germinal llegue a ser una realidad plena, que crezca y se desarrolle.

1.2. Somos seres polivalentes

Es decir, nuestro futuro no está determinado como el de las plantas o de los animales. Ante cada uno de nosotros se abre un abanico de posibilidades. Las plantas y los animales están predeterminados por sus instintos. En cambio, nosotros estamos enfrentados a diversas opciones y tenemos que optar. "Dondequiera que el hombre pone su pie, pisa cien senderos", reza un proverbio hindú. Cada uno de nosotros puede llegar a ser un criminal o un santo; puede convertirse en un héroe o en un rufián. El hombre posee diversas posibilidades de realización, incluso contando con circunstancias limitadas; y aunque sólo poseyera una, dentro de ese marco podría dar un mínimo hasta un máximo de sí mismo.

1.3. Somos seres amenazados

Estamos expuestos a múltiples riesgos, rodeados por fuerzas que tienden a obstaculizar nuestra propia realización. Pero también amenazados desde nuestro propio interior. Estructuralmente somos seres complejos, ya que reunimos en nuestra persona todas las esferas de la realidad: la material, la espiritual y la sobrenatural. Esto nos plantea el desafío de superar las tensiones a las

que por ello estamos sometidos, y a crear nuestra propia síntesis. Esto se agudiza aún más si pensamos en que el pecado original ha dejado profundamente herida nuestra naturaleza, introduciendo en ella un desequilibrio que constantemente entorpece nuestro desarrollo.

1.4. Somos seres limitados

Estamos condicionados por nuestra herencia, por el tiempo y el lugar en que nacemos y crecemos. Condicionados por circunstancias materiales, económicas y culturales. Condicionados no sólo por lo que nos rodea, sino también por nuestras propios límites: nuestras facultades no cuentan con todas las perfecciones posibles de imaginar. Pero todas estas limitaciones, vengan desde dentro o desde fuera, no nos determinan. Cada persona debe conocer sus posibilidades y sus propios límites. Siempre habrá espacio para ejercer nuestra libertad, y esto es lo esencial.

Somos una obra incompleta, "historia por hacer", un proyecto que debe ir construyéndose. Ésta es la realidad que clama desde nuestro interior y que nos urge a autoeducarnos. Tenemos que llegar a ser lo que somos, pero aun sólo como una esperanza, como un llamado. Nunca podremos decir: ya terminé, ya soy lo que tengo que ser. Aunque estemos al borde del término de nuestra vida, aún iremos de camino. La carrera

> Somos una obra incompleta, "historia por hacer", un proyecto que debe ir construyéndose. Ésta es la realidad que clama desde nuestro interior y que nos urge a autoeducarnos.

sólo concluye cuando morimos y ya no hay más camino por recorrer.

Son muchos los factores que influyen en nuestra educación: nuestros padres, nuestros profesores y maestros; las estructuras sociales, políticas, económicas y culturales; el ambiente en el que crecemos física y espiritualmente. Todo esto no impide que la responsabilidad básica de lo que lleguemos a ser recaiga sobre nuestro yo libre. Éste debe ser el agente principal de nuestra autoeducación. Por más positivos que sean los factores externos de la educación, nunca podrán lograr, por sí mismos, un resultado satisfactorio. **Es preciso asumir la tarea de construirnos como personalidades libres y armónicas.** Y si las circunstancias que nos rodean son negativas, la fuerza de nuestra libertad está llamada a influir en ellas. Es necesario, entonces, desarrollar aun con mayor ahínco una personalidad capaz de responder y superar el ambiente.

Schoenstatt se siente llamado a promover, por todos los medios a su alcance, la autoformación. Dios requiere de nosotros, de nuestro compromiso. "Sean perfectos como el Padre de los cielos es perfecto" (Mt 5, 48), nos pide el Señor. Los dones naturales y sobrenaturales que él nos regala, requieren de nuestro esfuerzo para desplegar toda la virtualidad que contienen.

> Es preciso asumir la tarea de construirnos como personalidades libres y armónicas.

2 El imperativo de autoformarse

> Debemos poner manos a la obra cada día, cada hora.

DESDE el inicio de Schoenstatt, el P. Kentenich destacó el imperativo de la autoformación. Lo proclamó ya en el Acta de Prefundación (27 Octubre de 1912) y en el Acta de Fundación (18 de Octubre de 1914).

Citamos sus palabras. Dice en el Acta de Prefundación:

> ¿Cuál es, entonces, nuestro fin? (...) Bajo la protección de María, queremos aprender a educarnos a nosotros mismos, para llegar a ser personalidades recias, libres y sacerdotales. (...)
>
> Queremos aprender. Por tanto, no sólo ustedes, sino también yo. Queremos aprender unos de otros. Porque nunca terminaremos de aprender, mucho menos tratándose del arte de la autoeducación, que representa la obra y tarea de toda nuestra vida.
>
> Queremos aprender, no sólo teóricamente: así hay que hacerlo, así esta bien, así, incluso, es necesario... En realidad todo eso nos serviría muy poco. No. Tenemos que aprender también prácticamente. **Debemos poner manos a la obra cada día, cada hora.** ¿Cómo aprendimos a caminar? ¿Se recuerdan cómo aprendieron, por lo menos, cómo aprendieron sus hermanos menores? ¿Acaso la mamá hizo grandes discursos diciendo: "Fíjate, Toñito o

Hay un mundo, siempre viejo y siempre nuevo, el microcosmos, el mundo en pequeño, nuestro propio mundo interior, que permanece desconocido y olvidado.

Mariíta, así hay que hacerlo"? Si así hubiese sido, aún no sabríamos caminar. No, ella nos tomó de la mano y así comenzamos a caminar. **No, a caminar se aprende caminando; a amar, amando.** Del mismo modo debemos aprender a educarnos a nosotros mismos **por la práctica constante de la autoeducación**. Y, en verdad, ocasiones no nos faltan.

Queremos aprender a educarnos a nosotros mismos. Ésta es una tarea noble y alta. Hoy en día la autoeducación ocupa el centro de la atención en todos los círculos culturales. La autoeducación es un imperativo de la religión, un imperativo de la juventud, un imperativo del tiempo. (…)

2.1. La autoeducación es un imperativo del tiempo

No se necesita un conocimiento extraordinario del mundo y de los hombres para darse cuenta de que nuestro tiempo, con todo su progreso y sus múltiples experimentos no consigue liberar al hombre de su vacío interior. Esto se debe a que toda la atención y toda la actividad tienen exclusivamente por objeto el macrocosmos, el gran mundo en torno a nosotros. Y realmente entusiasmados tributamos nuestra admiración al genio humano que ha dominado las poderosas fuerzas de la naturaleza y las ha puesto a su servicio. (…)

> El dominio que tenemos de la naturaleza no ha marchado a la par con el dominio de lo instintivo y animal que hay en el corazón del hombre. Esta inmensa grieta se hace cada vez más grande y profunda.

Pero a pesar de esto, hay un mundo, siempre viejo y siempre nuevo, el microcosmos, el mundo en pequeño, nuestro propio mundo interior, que permanece desconocido y olvidado.

No hay métodos, o al menos, no hay métodos nuevos, capaces de verter rayos de luz sobre el alma humana. "Todas las esferas del espíritu son cultivadas, todas las capacidades aumentadas, sólo lo más profundo, lo más íntimo y esencial del alma humana es, con demasiada frecuencia, descuidado". Esta es la queja que se lee hasta en los periódicos. **Por eso la alarmante pobreza y vacío interior de nuestro tiempo.**

Aún más. Hace algún tiempo, un estadista italiano señaló, como el mayor peligro del progreso moderno, el hecho de que los pueblos atrasados y semicivilizados se apoderasen de los medios técnicos de la civilización moderna sin que, al mismo tiempo, les sea suministrada la suficiente cultura intelectual y moral para emplear bien tales conquistas.

Pero quisiera invertir el problema y preguntar: ¿están los pueblos cultos y civilizados suficientemente preparados y maduros para hacer buen uso de los enormes progresos materiales de nuestros tiempos? ¿O no es más acertado afirmar que nuestro tiempo se ha hecho esclavo de sus propias conquistas? Sí, así es. El dominio que tenemos de los poderes y fuerzas de la naturaleza no ha marchado a la par con el dominio de lo instintivo y animal

> En lugar de dominar nuestras conquistas, nos hacemos sus esclavos. También nos convertimos en esclavos de nuestras propias pasiones.

que hay en el corazón del hombre. **Esta tremenda discrepancia, esta inmensa grieta, se hace cada vez más grande y profunda.** Y así tenemos ante nosotros el fantasma de la cuestión social y de la ruina social, si es que no aplicamos enérgicamente todas las fuerzas para producir muy pronto un cambio. **En lugar de dominar nuestras conquistas, nos hacemos sus esclavos. También nos convertimos en esclavos de nuestras propias pasiones.**

¡Es preciso decidirse! ¡O adelante o atrás! ¿Hacia dónde entonces? (…)

Por lo tanto ¡adelante! Sí, avancemos en el conocimiento y en la conquista de nuestro mundo interior por medio de una metódica autoeducación. Cuanto más progreso exterior, tanto mayor profundización interior …

En adelante no podemos permitir que nuestra ciencia nos esclavice, sino que debemos tener dominio sobre ella. Que jamás nos acontezca saber varias lenguas extranjeras, como lo exige el programa escolar, y que seamos absolutamente ignorantes en el conocimiento y comprensión del lenguaje de nuestro propio corazón. Mientras más conozcamos las tendencias y los anhelos de la naturaleza, tanto más concienzudamente debemos enfrentar los poderes elementales y demoníacos que se agitan en nuestro interior. El grado de nuestro avance en la ciencia debe corresponder al grado de nuestra

> Tenemos que aprender a educarnos a nosotros mismos. A educarnos a nosotros, con todas las facultades que poseemos.

profundización interior, de nuestro crecimiento espiritual. De no ser así, se originaría en nuestro interior un inmenso vacío, un abismo profundo, que nos haría desdichados sobremanera. ¡Por eso: autoeducación!

Así lo exigen nuestros ideales y las aspiraciones de nuestro corazón, lo exige nuestra sociedad, lo exigen sobre todo nuestros contemporáneos, especialmente aquellos con quienes conviviremos al realizar nuestras tareas futuras. Como sacerdotes, (NT: el P. Kentenich se refiere a estudiantes que se encaminan al sacerdocio; pero esto mismo puede aplicarse a toda persona que está llamada a ser un apóstol en su medio), tendremos que ejercer una profunda y eficaz influencia en nuestro ambiente y lo haremos, en último término, no por el brillo de nuestra inteligencia, sino por la fuerza, por la riqueza interior de nuestra personalidad.

Tenemos que aprender a educarnos a nosotros mismos. A educarnos a nosotros, con todas las facultades que poseemos ...

2.2. Debemos autoeducarnos como personalidades sólidas

Hace tiempo que dejamos de ser niños pequeños. Entonces permitíamos que nos guiaran las ganas y los estados de ánimo en nuestras acciones. Ahora, sin embargo, debemos aprender a actuar guia-

El P. Kentenich enmarca este llamado a autoformarse bajo la protección de María, en la alianza de amor sellada en el santuario.

dos por principios sólidos y claramente conocidos. Puede ser que todo vacile en nosotros. Vendrán con seguridad tiempos en que todo vacile en nosotros. Entonces ni siquiera las prácticas religiosas nos ayudarán. Sólo una cosa nos puede ayudar: la firmeza de nuestros principios. ¡Tenemos que ser personalidades solidas!

2.3. Tenemos que ser personalidades libres

Dios no quiere esclavos de galera, quiere remeros libres. Poco importa que otros se arrastren ante sus superiores, les laman sus zapatos y agradezcan si se les pisotea. Nosotros, empero, tenemos conciencia de nuestra dignidad y de nuestros derechos. Sometemos nuestra voluntad ante los superiores no por temor o por coacción, sino porque libremente lo queremos, porque cada acto racional de sumisión nos hace interiormente libres e independientes.

Queremos poner nuestra autoeducación bajo la protección de María...

Dos años más tarde, el 18 de Octubre de 1914, el P. Kentenich enmarca este llamado a autoformarse bajo la protección de María, en la alianza de amor sellada en su santuario. Él y los jóvenes congregantes ofrecen a María, como viva petición para que ella se establezca espiritualmente en la pequeña capilla de Schoenstatt, abundantes contribuciones al Capital de Gracias.

De esta forma, la alianza de amor sellada con María está estrechamente ligada a nuestra cooperación, según el lema que siempre ha guiado a Schoenstatt: "Nada sin ti, nada sin nosotros".

Las contribuciones al Capital de Gracias expresan nuestro *compromiso como contrayentes de la alianza*. Ellas son la condición para que la Virgen María se establezca espiritualmente en el santuario. Leemos en el Acta de Fundación: "Pruébenme por hechos que me aman realmente y que toman en serio su propósito"; "es esta propia santificación (autoformación) la que exijo de ustedes".

> Tenemos que esforzarnos seriamente por la autoformación, por nuestra transformación y crecimiento interior.

Según el Acta de Fundación, esto implica que **tenemos que esforzarnos** seriamente por la autoformación, por nuestra transformación y crecimiento interior,

probando con obras que realmente amamos a María y que tomamos en serio lo propuesto;

subiendo al máximo las exigencias, en otras palabras, ser magnánimos;

distinguiéndonos por un fiel y fidelísimo cumplimiento del deber de estado y por una vida de intensa oración.

Por último, **ofreciendo todo lo anterior como contribuciones al Capital de Gracias.**

3 Cooperar con la gracia

> "El Dios que te creó sin ti no quiere salvarte sin ti".

EL santuario de Schoenstatt nació de la iniciativa del Dios que interviene en la historia y que nos regala gratuitamente su gracia, pero también del Dios que solicita la cooperación humana. Para el fundador de Schoenstatt, esto constituye un principio básico en su espiritualidad y pedagogía: **Dios requiere nuestra cooperación.** Por eso él llamó a los primeros congregantes a hacer "suave violencia" a María para que ella se estableciese espiritualmente en la capillita del valle de Schoenstatt. Se trataba de ofrecerle abundantes "contribuciones al Capital de Gracias", como muestras concretas de que realmente la amaban; de "acelerar la propia santificación" y así convertir ese lugar en un lugar de peregrinación y renovación.

La acentuación de la cooperación humana con la gracia no es, ciertamente, un invento del P. Kentenich. **Su fundamento está fuertemente enraizado en el Evangelio.** El P. Kentenich sólo acentúa un aspecto esencial de nuestra fe, que ya san Agustín destacaba. "El Dios que te creó sin ti –afirmaba el santo– no quiere salvarte sin ti". Una vida cristiana auténtica está reñida con un cristianismo poco exigente, donde primeramente se esperan milagros e intervenciones extraordinarias de Dios y de la Virgen, sin que medie el esfuerzo humano.

El Señor no quiere vernos a la vera del camino o sentados en la plaza, quiere que trabajemos, necesita operarios porque la mies es mucha y los que trabajan son pocos.

Dios, que nos creó como seres libres y responsables, quiere que actuemos como tales. Ésa es nuestra dignidad. El Señor que nos crea y nos salva requiere que demos lo mejor de nosotros mismos; quiere tener ante sí personas libres, con iniciativa propia, íntegras, capaces de pensar y de actuar. Él no quiere en su viña ni títeres ni zánganos; quiere "remeros libres".

Esta verdad la inculca el Señor a sus discípulos con su palabra y con hechos. Pide que devolvamos nuestros "talentos" (el dinero que nos confía) con los correspondientes "intereses"; quiere que trabajemos con ellos, no que los sepultemos bajo tierra (cf. Mt 25, 14-30). Si nos eligió, fue "para que demos fruto" y un fruto bueno y abundante (cf. Jn 15, 1-16). Así como el sarmiento que unido a la vid da fruto, así también nosotros si permanecemos en Cristo daremos buen fruto. Porque sin él nada podemos. En cambio, al sarmiento que no da fruto, lo corta y lo echa al fuego, porque no sirve para nada; y al que da fruto, lo poda, para que dé aun más fruto.

El Señor no desea vernos a la vera del camino o sentados en la plaza; quiere que trabajemos (cf. Mt 20, 1-16); necesita operarios porque la mies es mucha y los que trabajan son pocos (cf. Lc 10, 2).

Los milagros de Cristo dan también testimonio de que él requiere nuestra participación activa. Pide los pocos panes y peces que tienen los discípulos para realizar su

El Señor quiere tener junto a sí personas semejantes a María, su compañera y colaboradora por excelencia.

multiplicación con la cual da de comer a una multitud. Pide a los siervos en Caná que llenen con agua las vasijas donde realiza la conversión del agua en vino. Elige a los 72 discípulos y les encarga la tarea de proclamar la Buena Nueva en los pueblos cercanos (cf. Lc 10, 1-4).

El Señor no realiza solo su obra redentora. **Él busca tener junto a sí personas semejantes a María, su compañera y colaboradora por excelencia.** El Documento de Puebla lo explica así:

> "María, llevada a la máxima participación con Cristo, es la colaboradora estrecha en su obra. Ella fue algo del todo distinto de una mujer pasivamente remisiva o de religiosidad alienante (MC 37). No es sólo el fruto admirable de la redención; es también la cooperadora activa. En María se manifiesta preclaramente que Cristo no anula la creatividad de quienes le siguen. Ella, asociada a Cristo, desarrolla todas sus capacidades y responsabilidades humanas, hasta llegar a ser la nueva Eva junto al nuevo Adán. María, por su cooperación libre en la Nueva Alianza de Cristo, es junto a él, protagonista de la historia. Por esta comunión y participación, la Virgen Inmaculada vive ahora inmersa en el misterio de la Trinidad, alabando la gloria de Dios e intercediendo por los hombres". (n. 293)

Esta marcada cooperación humana, expresada en las contribuciones al Capital de Gracias, pertenece al ser mismo de Schoenstatt. Por eso nuestra alianza de amor

con María siempre se ha orientado por la divisa: "Nada sin ti, nada sin nosotros".

Si bien toda nuestra vida es "materia apta" para las contribuciones al Capital de Gracias (todo lo que hagamos por amor y con amor, es agradable a los ojos de María), el esfuerzo por autoformarse ocupa un lugar especialmente importante en la alianza. A María ofrecemos, como aporte a su Capital de Gracias, nuestra lucha por la santidad, el cultivo de una vida de intensa oración y del fidelísimo cumplimiento del deber de estado.

De esta forma, para el contrayente de la alianza, las contribuciones al Capital de Gracias, incluyen esencialmente el esfuerzo por autoformarse y por ser consecuentes con los ideales. Cooperamos con el Dios que actúa por su gracia en nosotros mismos, haciendo que Cristo crezca en nosotros y su vida conforme nuestro ser y actuar. El santuario de Schoenstatt llega a ser así nuestro hogar espiritual y "cuna de nuestra santidad" (cf. Acta de Fundación), el lugar donde experimentamos una real transformación personal. Porque no se da una renovación del mundo y de la Iglesia si ésta no comienza en nuestro propio corazón.

Esta autoformación, que el P. Kentenich promovió desde el inicio en el naciente Movimiento de Schoenstatt, la canalizó a través de los "medios ascéticos" o formas concretas de autoayuda.

Para el contrayente de la alianza, las contribuciones al Capital de Gracias incluyen esencialmente el esfuerzo por autoformarse y por ser consecuentes con los ideales.

4 Autoformación y ascesis

> A través de la autoformación, el cristiano asume y cultiva la espiritualidad evangélica, hace suya la fe y busca desarrollarla y aplicarla en su vida.

CUANDO se habla de autoformación, se supone que tenemos **una visión determinada del hombre** y de la espiritualidad correspondiente a esta visión.

Por la fe adherimos a la visión del hombre que nos muestra el Evangelio. De esta recepción de la Buena Nueva brota en nosotros la vida del espíritu que Dios ha infundido en nuestra alma. La gracia de Dios nos regala un nuevo ser que se expresa en la **espiritualidad que nos anima como cristianos.**

La vida del espíritu, o espiritualidad, está centrada básicamente en las virtudes teologales de la fe, la esperanza y la caridad. Ésta ha ido tomando diversas formas a lo largo de los siglos en la medida que personas y comunidades han acentuado **determinadas facetas de la vida y del quehacer que implica ser consecuentes con la Buena Nueva.** Así, por ejemplo, surgieron en la Iglesia la espiritualidad benedictina, carmelitana, ignaciana, etc. Schoenstatt, a semejanza de estas comunidades o familias eclesiales, posee también una espiritualidad original que lo caracteriza.

Ahora bien, **a través de la autoformación, el cristiano asume y cultiva la espiritualidad evangélica, hace suya la fe y busca desarrollarla y aplicarla en su vida.** La labor que realizan los agentes pastorales, los educadores o quienes evangelizan, motiva e induce a que cada

persona asuma activamente y cultive la vida del espíritu. (cf. Efesios 4, 15; 2 P 3, 18)

Recibimos la fe y se incentiva en nosotros la vida del espíritu. Pero esta transmisión de la fe sería ineficaz y quedaría infecunda si cada cristiano no la asumiese activamente. En otras palabras, la acción de factores pedagógicos externos, de la **hetero-pedagogía** (la educación que otros nos imparten) debe ser complementada por la **auto-formación**.

Esta autoformación puede llevarla a cabo la persona sin adscribirse a una espiritualidad determinada, o bien, adhiriendo a una concreta, siguiendo el camino que le ofrece, por ejemplo, la espiritualidad carmelitana, franciscana, schoenstattiana u otra espiritualidad con la cual se sienta especialmente identificada.

Ahora bien, cada espiritualidad desarrolla formas concretas y prácticas que canalizan y ayudan a llevar una vida coherente con la fe que se profesa. El Evangelio es exigente; pide un cambio de vida, requiere despojarse del hombre viejo y revestirse del hombre nuevo, creado según Cristo Jesús (cf. Efesios 4, 17-32). **De ahí que la autoformación requiera de medios y prácticas especiales que fomenten y aseguren el crecimiento y fortalecimiento de nuestro ser y actuar como cristianos.**

Esta dimensión de la espiritualidad se denomina ascesis (ascética) y se concreta en medios ascéticos. Las

> Cada espiritualidad desarrolla formas concretas y prácticas que canalizan y ayudan a llevar una vida coherente con la fe que se profesa.

> Es necesario llevar a la práctica el cambio de vida que exige el Evangelio, porque la fe sin obras estaría muerta; la caridad sin obras no sería un verdadero amor cristiano.

diversas espiritualidades que han surgido a lo largo de los siglos, en la medida que se desarrollaron fueron gestando una determinada metodología o ascesis.

Ascesis es una palabra de origen griego que significa **esfuerzo metódico para conseguir algo.** Ambas cosas, esfuerzo y método, son constitutivos de las ascesis. Palabras afines a ésta son: lucha, combate, disciplina, mortificación. En nuestro caso, se trata de una ascesis no en general, sino *cristiana,* es decir, de un esfuerzo metódico que demanda el seguimiento de Cristo Jesús.

La necesidad de prácticas ascéticas concretas se fundamenta en la necesidad de que el espíritu se encarne o se traduzca en un estilo de vida, a fin de que no se "volatilice" y termine extinguiéndose. (cf. Mt, 7, 21-27)

Se trata de llevar a la práctica el cambio de vida que exige el Evangelio. Porque la fe sin obras estaría muerta; la caridad sin obras no sería un verdadero amor cristiano; porque no habría esperanza ni confianza real sin que estas actitudes se expresasen y plasmasen en un estilo de vida cristiano. Una espiritualidad que no se traduce en costumbres y formas de vida pronto se desvanece y termina extinguiéndose. Con razón dice Jesús: "No todo el que me diga: `Señor, Señor', entrará en el Reino de los cielos, sino aquel que haga la voluntad de mi Padre". (Mt 7, 21) De allí que el cristianismo, desde su inicio, se

haya mostrado como un "**camino**" y normas de comportamiento concretas (cf. Gal 5, 13-25; Rom 8, 1-13).

Pero hay algo más. Si es verdad que el espíritu requiere siempre de formas que lo protejan y expresen, esto se hace aún más necesario al considerar que **existen en nuestra alma factores que nos impulsan en una dirección contraria a los valores del Evangelio** o a la vida según el Espíritu del Señor. Es necesario despojarse del "hombre viejo" y revestirse del "hombre nuevo" creado según Cristo Jesús.

> Contamos con el peso negativo que ha dejado en nuestra naturaleza el pecado original. Estamos heridos en nuestra afectividad, en nuestros instintos, en nuestra voluntad e inteligencia.

Cada persona cuenta con el peso negativo que ha dejado en su naturaleza el pecado original. Estamos heridos en nuestra afectividad, en nuestros instintos, en nuestra voluntad e inteligencia. A estas heridas se suman las consecuencias que ha dejado en nosotros el pecado personal. Por eso el Señor llama con tanta fuerza a la conversión, afirmando que quien quiera ser su discípulo debe tomar la cruz, negarse a sí mismo y seguirlo. Por eso también san Pablo muestra la vida cristiana como un combate y una carrera en el estadio que exige "ascesis", es decir, un *training* semejante al del deportista, que requiere disciplina, renuncia y esfuerzo metódico para alcanzar su meta.

Este proceso, que demanda sacrificio y renuncia, este despojo de nuestro yo egoísta y dominio de nuestros instintos desordenados, se lleva a cabo a través de la

> Schoenstatt posee medios ascéticos propios: el ideal personal, el horario espiritual, el examen particular, la confesión regular y la cuenta de conciencia al confesor.

ascesis y de la aplicación de los medios ascéticos que ésta nos proporciona.

Siempre el cultivo de la espiritualidad cristiana ha incluido en su programa formas de vida exigentes, prácticas de mortificación y renuncias. Cada espiritualidad incluye la ascesis y los medios ascéticos. Las diversas comunidades y movimientos eclesiales son siempre concretos en este sentido.

Ciertamente se han producido exageraciones y unilateralidades en la vida cristiana, que han dado origen a lo que se denomina el **"ascetismo"** o se ha caído en el **formalismo,** donde predominan, por sobre la vida del espíritu, renuncias y mortificaciones que contradicen el espíritu evangélico; formalismos que terminan ahogando y matando al espíritu.

Así como Schoenstatt posee una espiritualidad y un sistema de autoformación propios, posee también formas o medios ascéticos propios. En concreto: el ideal personal, el horario espiritual, el examen particular y la recepción regular del sacramento de la reconciliación.

Albert Eise
(1896 - 1942)

"Heraldo de María"

Segunda Parte

Caminos de auto-formación

Los medios ascéticos del Movimiento de Schoenstatt:

1 Ideal personal
2 Propósito o examen particular
3 Horario espiritual
4 Sacramento de la reconciliación y la "cuenta mensual".

Franz Reinisch
(1903 - 1942)

"Inconmovible
como las montañas de mi patria"

1 El ideal personal

> El hombre sin yo, sin interioridad, sin médula ni principios sólidos, constantemente está expuesto a ser manipulado.

1.1. Importancia y definición del ideal personal

CUANDO el P. Kentenich formuló su doctrina sobre el ideal personal, lo hizo considerando la poderosa tendencia masificante de nuestra cultura, cuyo producto es el hombre-sin-yo, interiormente vacío, discontinuo y despersonalizado. Y, por otra parte, visualizó con acierto la progresiva tendencia cultural de descristianización que hoy se hace cada día más patente. La nueva cultura genera para el cristiano actual un ambiente de diáspora, en el cual fácilmente es llevado por las corrientes secularistas y materialistas que conforman decisivamente el ambiente en el cual vive.

El hombre sin yo, sin interioridad, sin médula ni principios sólidos, constantemente está expuesto a ser manipulado con facilidad por los medios de comunicación, los poderes políticos o económicos, por la moda o la frivolidad reinante. Es un hombre incapaz de establecer vínculos de amor fiel, porque quien no se posee a sí mismo no puede darse a sí mismo.

Quien quiera ser cristiano en esta época, tiene una tarea difícil por delante. La mentalidad que reina en el ambiente no lo comprenderá e incluso lo rechazará. Re-

> El cristiano actual o define su personalidad y carácter propio o se diluye y mimetiza con un medio ambiente que contradice su propia identidad.

sulta incómodo alguien que se guía por principios, que se aparta del relativismo y que no se mimetiza con el estilo de vida dominante. El cristiano actual debe estar dispuesto a afirmarse en un medio adverso, donde se desconoce a Dios o no hay interés por él. Hoy no basta una fe recibida por tradición sin que haya sido internalizada o formas religiosas carentes de respaldo vital. Hoy se requieren personalidades de cristianos que hayan conquistado una convicción eminentemente personal de su fe y que hayan asumido conscientemente las verdades del Evangelio. El cristiano actual o define su personalidad y carácter propio o se diluye y mimetiza con un medio ambiente que contradice su propia identidad.

Estas realidades llevaron al P. Kentenich a destacar la necesidad de formar personalidades sólidas, libres, dueñas de sí mismas, que asumiesen en forma consciente su originalidad y el desarrollo de sus potencialidades; personalidades íntegras, con un norte claro, que fuesen capaces de nadar contra la corriente y de desplegar creadoramente su misión propia en medio de la sociedad y para bien de la misma.

Por esto **el P. Kentenich hace el llamado a salvar al hombre actual de la despersonalización y masificación**, a tomar conciencia de que cada ser humano ha sido llamado por Dios como un ser único, revestido

de la dignidad de ser una persona libre. Cada persona debe asumir su misión propia en la red comunitaria en la cual está inserto. Es en este sentido que él plantea su doctrina del ideal personal y muestra caminos pedagógicos concretos para orientar su autoformación y desarrollo personal.

Desde el **punto de vista filosófico,**

define el ideal personal como *"la idea original preexistente en la mente del Dios Creador respecto a cada persona"*.

Desde el **punto de vista teológico,**

lo define como *"la imitación y manifestación original de las perfecciones humano-divinas de Cristo"*.

Y, desde **el punto de vista sicológico,**

como *"el impulso y la disposición fundamental que Dios depositó en lo más íntimo del alma, impulso que, fielmente cultivado, con la ayuda de la gracia, conduce a la plena libertad de los hijos de Dios"*.

- En estas definiciones afirma y aclara que Dios, al crearnos, nos pensó como individuos únicos y originales, irrepetibles, revestidos de la dignidad de ser personas libres.
- Este llamado personal de Dios adquiere su pleno significado a partir del hecho que él nos regaló su gracia, por la cual nos hizo hijos suyos, desti-

> Las tendencias masificantes y despersonalizantes que reinan, el ambiente materialista y descristianizado que nos rodea, hacen necesario que cada persona descubra su propia identidad.

nándonos a asemejarnos y a seguir a Cristo Jesús en forma original.

En Cristo nos dio el modelo perfecto de lo que debíamos ser, a fin de que nos conformáramos según su imagen, de acuerdo a nuestra realidad personal, poniéndonos en sus manos para llevar a cabo la misión que él nos ha confiado a cada uno.

- Todo esto lo llevamos en nuestro corazón, pues el Dios Creador y Redentor puso en nuestra alma los talentos y disposiciones interiores, tanto de orden natural como sobrenatural, para que cada uno de nosotros llegue a ser lo que está llamado a ser. Así como la semilla posee la tendencia a ser plenamente lo que contiene en germen, así nosotros, de modo análogo, tenemos en nuestra alma el impulso a realizarnos a nosotros mismos de acuerdo a nuestra originalidad y misión personal.

En un ambiente cristiano, la búsqueda y realización del ideal normalmente se haría de manera más irreflexiva y espontánea. Tal vez no sería tan necesario asumir y cultivar en forma consciente un ideal personal. Pero hoy, como lo señalamos, esto se hace especialmente necesario. **Las tendencias masificantes y despersonalizantes que reinan, el ambiente materialista y descristia-**

> Teniendo una meta clara, un proyecto de vida que orienta nuestro desarrollo, evitamos desperdiciar nuestras fuerzas.

nizado que nos rodea, hacen necesario que cada persona descubra su propia identidad, su ideal personal o proyecto de vida y cuente con los medios pedagógicos que le ayuden a desarrollar su individualidad y sus potencialidades.

Se trata, por lo tanto, de formular de modo consciente el ideal personal. Esta formulación,

- primero, **centra nuestra personalidad**, pues capta y canaliza la tendencia fundamental que nos impulsa y, a la vez, nos orienta hacia una misión concreta que estamos llamados a realizar. El ideal personal es así un factor unificante de la personalidad, una "idea-fuerza" en torno a la cual nuestra vida logra organizarse y adquirir coherencia. **Teniendo una meta clara, un proyecto de vida que orienta nuestro desarrollo, evitamos desperdiciar nuestras fuerzas.**

  Por eso el P. Kentenich propone buscar, con la ayuda de la gracia, el ideal personal, formularlo y cultivarlo. Es decir, descubrir el "sueño" que Dios tuvo al crearnos; clarificar nuestra manera de seguir a Cristo e imitarlo y, para ello, cultivar con decisión y fidelidad las fuerzas positivas que llevamos en nuestra alma, hasta alcanzar, como dice el Evangelio, "la plena estatura de Cristo en nosotros".

> El ideal personal orienta todo nuestro trabajo de la autoeducación.

- En segundo lugar, el ideal personal nos regala una sana **conciencia de nuestro valor** como personas libres y originales, insertadas positivamente en su medio. **Nos saca del anonimato.** Aleja de nuestra alma todo complejo de inferioridad o conciencia de no ser más que una pieza de recambio en el engranaje de la sociedad.

  Por el ideal personal ya no somos un número o personas que zigzaguean de un lado a otro, sin saber a dónde se dirigen. Nos sentimos útiles en la sociedad, porque asumimos la vocación y tarea propia que Dios nos ha asignado en Cristo Jesús.

- El ideal personal, en tercer lugar, nos lleva a guiarnos por una meta alta, mostrándonos horizontes y enalteciendo nuestras aspiraciones. **Nos libera así de la mediocridad,** de llevar una vida sin ilusión y carente de estímulo.

- Por último, **el ideal personal orienta todo nuestro trabajo de la autoeducación.** Las metas parciales que nos ponemos, especialmente a través del examen particular (al cual nos referiremos más adelante), poseerán así un punto de referencia que permite a la persona un desarrollo y crecimiento armónico.

1 El ideal personal

Para encontrar nuestro ideal se requiere un trabajo de reflexión personal acompañado de la oración e imploración al Espíritu Santo.

1.2. Caminos para descubrir el ideal personal

Precisar cuál es la voluntad de Dios para cada uno de nosotros no constituye un simple trabajo de reflexión, sino **una gracia que es necesario pedir, un don gratuito del Señor.** Partiendo del análisis de nuestro carácter o de la pura observación objetiva de la realidad, nunca alcanzaríamos una comprensión profunda de nuestro ideal personal. Un enfoque racionalista y teórico nos llevaría a "imaginarnos" un ideal personal, o a fabricarlo como una mera proyección idealista.

Para encontrar nuestro ideal se requiere ciertamente un trabajo de reflexión personal, pero éste debe estar acompañado de la oración e imploración al Espíritu Santo, pues se trata de reconocer lo que Dios quiere de nosotros a la luz de la razón iluminada por la fe.

El objetivo de la búsqueda del ideal personal es llegar a formular su contenido en un **lema** y/o **símbolo,** en una pequeña **oración,** a fin de que luego, por las renovaciones del ideal, lo mantengamos vivo en nuestra conciencia y tratemos de llevarlo a la vida y ser consecuentes con lo que nos señala.

No pretendemos tener una claridad meridiana sobre nuestro ideal. Estamos "en camino" (somos "viatores").

> Una persona descubre ya algo esencial de su ideal, al asumir que es una persona y que es un hombre o una mujer.

También en esto caminamos en el claroscuro de la fe, pero con la luz suficiente como para avanzar. Basta que formulemos un lema o descubramos una imagen **que capte algo que pertenece a lo más propio de nuestra alma, que toque esa actitud o rasgo fundamental que nos caracteriza.** En la medida que vayamos cultivando ese impulso básico, se nos irá haciendo cada vez más y más claro el ideal: "Quien hace la verdad llega a la luz", dice el Señor. (Jn 3,21)

Una comparación esclarece lo que decimos: Imaginemos que una persona ve un bulto a lo lejos; luego percibe que éste se mueve. En la medida que se acerca (aún no distingue bien qué es), se da cuenta que no es un animal, sino una persona. Sigue acercándose y ahora puede percibir que se trata de un hombre. Cuando ya está cerca, descubre que es su amigo Juan.

Esta analogía nos permite captar que el ideal personal lo vamos conociendo progresivamente. Una persona descubre ya algo esencial de su ideal, al asumir que es una persona y que es un hombre o una mujer. Ya ése es su ideal: llegar a ser un hombre o una mujer cabal, tal como Dios lo diseñó en su plan de amor.

Si profundiza en esta línea, reparará en el hecho de que él es un católico bautizado y que, por lo tanto, su ideal es ser y comportarse como hijo de Dios en Cristo Jesús.

Luego puede ahondar este conocimiento, viendo su realidad de cristiano a la luz de los dones o talentos que posee. Su historia personal le dará nuevas luces que incluso harán brillar con mayor profundidad y precisión su ideal.

El ideal personal empieza a ser una estrella que guía nuestro camino en la medida en que se encarna y nos esforzamos por ponerlo en práctica. Es allí donde se prueba si lo que hemos formulado es verdaderamente la voluntad de Dios para nosotros. El ideal personal es ante todo vida, pues lo leemos en la vida, en nuestra historia y en nuestra estructura personal, y está destinado a conformar nuestra vida. Por eso, la "praxis" del ideal es tan importante. Lo que cuenta es captar esa verdad, "nuestra verdad", que pulsa en nuestra alma, y desplegar toda su potencialidad según las circunstancias y desafíos que nos vaya presentando la divina Providencia.

Ahora bien, ¿cómo llegar en concreto a formular nuestro ideal personal? Existen caminos más reflexivos y otros más intuitivos para llegar al conocimiento del ideal personal.

El camino que se siga dependerá, en gran parte, del temperamento de la persona, que puede ser más intelectual o más emotivo. Hablamos de caminos "más" reflexivos o "más" intuitivos, porque no se excluyen mutuamente, sino que se complementan. Y si hubiese

que preferir una acentuación, ésta sería la intuitiva, sin separarla nunca de la oración y de la praxis. El exceso de reflexión puede confundir y llevar a un intelectualismo infecundo.

1.2.1. Caminos más intuitivos de búsqueda del ideal personal

El ideal personal está presente en nosotros de manera funcional, por nuestra estructura de ser, mediante el impulso de la gracia que actúa en nuestra alma o en nuestro compromiso profesional. Esto ocurre sobre todo en personas que han logrado un cierto nivel de vida interior. La presencia funcional del ideal personal es más real, en la medida en que la vida espiritual haya sido cultivada en mayor profundidad: buscamos la voluntad de Dios y tratamos de adecuarnos a ella. Al hacerlo, ya estamos guiándonos "funcionalmente" por nuestro ideal personal.

- Lo dicho explica que podamos encontrar, por ejemplo, el núcleo de nuestro ideal personal en una *oración que solemos rezar con predilección.* Puede ser una oración o una jaculatoria muy personal, o quizás una oración que hemos adoptado y que siempre rezamos porque nos gusta y sentimos que ella interpreta nuestros anhelos y sentimientos más profundos. **Si nos preguntamos por qué nos gusta esa oración, o cuáles son los**

Si nos preguntamos por qué nos gusta esa oración o cuáles son los valores más importantes que se expresan en ella, entonces encontraremos reflejado allí el impulso básico que late en nuestra alma.

Si un pasaje del Evangelio, algún episodio de la vida del Señor, de María o de algún santo nos ha atraído siempre, significa que, de algún modo, en ellos se refleja nuestro ideal.

valores más importantes que se expresan en ella, entonces encontraremos reflejado allí el impulso básico que late en nuestra alma. También, en la misma dirección, podemos revisar las oraciones que hayamos podido formular a lo largo de nuestro itinerario espiritual, buscando en ellas las constantes que puedan darse.

- Podemos preguntarnos también por *nuestra vivencia religiosa más profunda,* por aquella experiencia que brota del encuentro con Dios y constituye lo que suele llamarse **el "pequeño secreto" del alma. En este contexto existe tal vez un pasaje del Evangelio, algún episodio de la vida del Señor, de María o de algún santo, que siempre nos ha atraído e inspirado.** Esto significa que en ese pasaje o en esa escena se encuentra, de algún modo, nuestro ideal. En forma irreflexiva, se manifiesta nuestra receptividad original de valores y el llamado que nos hace el Señor por la acción del Espíritu Santo en nuestra alma.

- **En esta misma dirección puede ayudarnos eficazmente, en la búsqueda del ideal personal, la *lectura meditada del Evangelio*.** Subrayamos o anotamos entonces las frases o las escenas que más nos tocan interiormente y en las cuales sentimos que el Señor nos interpela en forma personal. La consideración global de esta meditación

nos mostrará en qué dirección se mueve nuestro ideal personal.

- Quizás hemos formulado nuestro ideal personal espontáneamente en *un lema o en una frase* que, de una u otra manera, ha estado presente en nuestra vida y en nuestra acción. **Una frase del Evangelio, de algún santo o tal vez un lema comunitario, tocaron en un momento dado las fibras más profundas de nuestro ser y de nuestra vocación personal,** y por ello han permanecido siempre presentes en nosotros, inspirando y animando nuestra vida interior y nuestras actividades.

- **Preguntémonos por** *las personalidades que más nos atraen,* por los santos, líderes o héroes con los cuales sentimos mayor afinidad y que más llaman nuestra atención.

- **Por tratarse de vivencias e intuiciones religiosas básicas, muchas veces captamos el ideal personal a través** *de algún símbolo o imagen que espontáneamente nos atrae.* Tras ese símbolo se esconden fuerzas y anhelos profundos. Las montañas, la paz de un lago que refleja el cielo, el agua que baja impetuosamente de las cumbres, el fuego que irradia luz y calor, la fortaleza y cobijamiento que prodiga un árbol, la imagen de los alpinistas que escalan las alturas, la solidez de las rocas; éstas y

> Muchas veces captamos el ideal personal a través de algún símbolo o imagen que, espontáneamente, nos atrae.

otras imágenes traducen muchas veces intuitiva y certeramente la tendencia fundamental de nuestra personalidad mejor que los conceptos puramente racionales.

- **Preguntémonos, por último, si tuviésemos que formular una frase para ser grabada en nuestra tumba, cuál elegiríamos.**

Estos métodos más intuitivos para buscar el ideal personal poseen una importancia peculiar, ya que a través de ellos lo conocemos en forma más espontánea y fácil, sin caer en el peligro de posibles construcciones conceptuales, que en sí son válidas como ideales objetivos, pero que, en realidad, no reflejan ni traducen la novedad original de nuestra personalidad.

Recorramos los diversos caminos señalados y tratemos de retener la frase o imagen que más nos interpreta.

1.2.2. Nuestra historia como fuente de conocimiento del ideal personal

Más allá de los caminos intuitivos de conocimiento de nuestro ideal personal, existen otros caminos complementarios. Uno de los más importantes consiste en mirar nuestra historia personal. En ella tenemos la posibilidad de descubrir quiénes somos, qué valores nos han orientado, cuáles son las tendencias que nos impulsan. A veces, incluso, en nuestros fracasos y golpes

> Tenemos la posibilidad de descubrir quiénes somos, qué valores nos han orientado, cuáles son las tendencias que nos impulsan.

del destino podemos descubrir con nitidez la misión que Dios nos ha confiado.

Nos vamos construyendo y realizando como personas en relación con las circunstancias que nos rodean. Se van sumando a nuestra biografía hechos ante los cuales sufrimos duramente, como también momentos en los cuales experimentamos un atisbo de la plenitud de vida que nos espera. A menudo se acumulan estos hechos en la nostalgia de lo irrepetible, o permanecen como una cicatriz imborrable; pocas veces, en cambio, se recogen como un pasado fecundo para el presente y lleno de promesas para el futuro. Se suele vivir la historia personal como una cronología del desgaste y no como maduración que prepara la cosecha.

Es necesario que nos compenetremos profundamente de la verdad de que *Dios, al crearnos, tuvo una idea original de nosotros, y que nos va revelando el contenido de esa idea a través de nuestra historia.*

Si tenemos una mirada atenta y llena de fe, es en esa historia donde podemos descubrir, cada día con mayor profundidad, nuestra propia identidad. Esa historia es la "maestra de nuestra vida"; en ella leemos quiénes somos y qué mensaje quiere Dios que demos en el mundo.

Si Dios tuvo una idea original de nosotros al llamarnos a la existencia, él también cuida que podamos conocer

> En nuestra historia descubrimos cada día nuestra propia identidad. Esa historia es la "maestra de nuestra vida".

y desarrollar esa identidad personal, disponiendo en su divina Providencia el camino concreto para que ello sea posible, muchas veces, "escribiendo derecho en líneas torcidas", haciendo que todo en nuestra vida coopere, si sabemos distinguir las señales de Dios en el tiempo y en nuestra historia, a nuestro mayor bien.

Dios Padre no nos lanza a la existencia abandonándonos a nuestra propia suerte. El amor que le movió a crearnos le impide dejarnos desamparados a merced del oleaje del mundo. Respetando nuestra libertad, su Providencia divina sigue paso a paso nuestro camino. Si estamos abiertos a su conducción, sabremos encontrar en esa historia, muchas veces aparentemente indescifrable, la clave que nos conduce a saber quiénes somos y a conocer la tarea específica que él nos ha encargado, hasta que un día podamos decir como san Pablo:

> "He competido en la noble competición, he llegado a la meta en la carrera, he conservado la fe. Y desde ahora me aguarda la corona de la justicia que aquel Día me entregará el Señor, el justo Juez; y no solamente a mí, sino también a todos los que hayan esperado con amor su Manifestación". *(2 Tm 4,7)*

El ideal personal no es algo estático, ni una idea preconcebida. Tampoco es puramente un valor subjetivo según el cual orientamos nuestra vida. ***El ideal personal es una vocación,*** un llamado que Dios nos hace per-

El ideal personal es una vocación, un llamado que Dios nos hace personalmente y que nos lo va manifestando progresivamente a lo largo de nuestra vida.

sonalmente y que él nos lo va manifestando progresivamente a lo largo de nuestra vida. Queremos captar y escuchar este llamado para entregarnos con todas nuestras fuerzas a su realización. Desde este punto de vista, descubrimos el ideal personal en la medida que paulatinamente vamos detectando, a lo largo de nuestro caminar, el designio particular que la divina Providencia tiene para nosotros.

Por lo tanto, si nos basamos en este hecho, haremos de la reflexión sobre nuestra historia personal un camino predilecto para la búsqueda de nuestro ideal. Esta misma historia será fuente constante de inspiración para la realización del ideal personal, pues *Dios siempre nos habla en la vida y a través de la vida.*

Por consiguiente, **consideremos a la luz de una fe práctica los acontecimientos más significativos de nuestro caminar, para desentrañar su significación profunda, para conocernos a nosotros mismos y descubrir nuestra tarea de vida.** Estos hechos son un llamado de Dios. Así como Dios tejió con Israel una historia sagrada, así también teje en nuestra vida –y nosotros con él– una "pequeña historia sagrada": la historia de nuestra alianza, el designio de nuestro ideal personal.

Para reflexionar sobre nuestra historia es necesario:

- primero, hacer memoria,

A la luz de una fe práctica consideremos los acontecimientos de nuestro caminar, para desentrañar su significación profunda, para conocernos a nosotros mismos y descubrir nuestra tarea de vida.

- segundo, interpretar nuestra historia y,
- tercero, detectar las constantes más notables que se manifiestan en ella.

Primero: *hacer memoria.*

- Sabemos quiénes somos en la medida en que conocemos nuestro origen y nuestro devenir. Por eso, partimos recordando las diversas etapas por las cuales hemos pasado, los acontecimientos que han marcado nuestra vida. Hagamos una cronología de nuestro camino: nacimiento, primera infancia, pubertad, juventud, etc. Subrayamos los acontecimientos más sobresalientes y las vivencias más profundas. Tal vez el cambio de una ciudad a otra, pruebas o caídas graves, encuentros o amistades significativas, etc. En resumidas cuentas, registramos todo aquello que nos parece importante, por su influjo positivo o negativo, y revisamos nuestras vivencias fundamentales en el encuentro con Dios, en relación con el prójimo, en el trabajo, etc.

Segundo: *interpretar nuestra historia*

- **Una vez hecho este recuento cronológico o breve autobiografía, pasamos a *interpretarlo* a la luz de la divina Providencia.** Es decir, tratamos de desentrañar en la meditación y en la oración, iluminados por la luz de la fe, el mensaje que Dios

> Cuando tomamos conciencia que Dios tiene un plan de amor, nos reconciliamos con nosotros mismos y con nuestra historia de vida.

nos envía a través de nuestra historia. El Señor habla mediante los acontecimientos, sean éstos positivos o negativos. Muchas veces Dios nos llama la atención y nos señala una tarea de vida por los sucesos o las vivencias que nos han causado un profundo sufrimiento, o han constituido para nosotros una fuerte crisis existencial. Dios quiere que aprovechemos las experiencias dolorosas que hemos tenido, sin excluir el pecado, de acuerdo a la afirmación de san Pablo: "Todo coopera al bien de los que aman a Dios" (Rom 8,28). Nada importante debe quedar fuera de nuestra reflexión. Cada acontecimiento significativo será elaborado en la meditación y oración. Cuando tomamos conciencia que Dios tiene un plan de amor, conseguimos una profunda reconciliación con nosotros mismos y con nuestra historia de vida concreta.

Tercero: *detectar las constantes más notables que se manifiestan en ella*

- El tercer paso en este camino consiste **en descubrir las *constantes de la propia vida.*** Dios nos va haciendo "señales" en el camino y nos llama la atención sobre cosas que son importantes, que nos muestran su voluntad. En nuestra historia se revela también la estructura sicológica original con que Dios nos ha dotado, el impulso funda-

> La reflexión de nuestra historia, a la luz de la fe práctica en la divina Providencia, debe estar acompañada de la oración.

mental que vibra en nuestro ser, la tarea hacia la cual tendemos, el compromiso que requieren de nosotros los signos del tiempo y las circunstancias, todo aquello que el Espíritu Santo infunde en nuestro ser como gracia y carisma personal. La meditación de nuestra historia es, desde este punto de vista, un camino privilegiado para encontrar el ideal personal, al cual debemos dar una importancia particular.

No está de más insistir en que la reflexión de nuestra historia, a la luz de la fe práctica en la divina Providencia, **debe estar acompañada de la oración.** No es simplemente un análisis; es una meditación y una revisión de nuestra vida con la mirada de Dios.

Para realizar bien esta revisión, necesitamos tiempo y tranquilidad. Conviene, por eso, efectuarla durante un retiro espiritual o tomando un tiempo de meditación más largo que el habitual, durante algunas semanas o meses.

Si ya hemos recorrido los caminos más intuitivos de búsqueda del ideal personal, comparémoslos ahora con lo que sacamos en limpio de la meditación de nuestra historia de vida.

1.2.3. La estructura personal como punto de partida para encontrar el ideal personal

Este camino de búsqueda del ideal personal corresponde a una búsqueda más reflexiva del mismo. **Nos referimos a tratar de descubrir, por medio de un autoconocimiento reflexivo,** *las tendencias vivas que nos impulsan a actuar y a aspirar a determinados valores.*

Dios, al crearnos y confiarnos una tarea en el mundo, nos confirió a través de las leyes de la herencia, de nuestro carácter y de nuestras capacidades naturales y sobrenaturales, **fuerzas internas que impulsan nuestro desarrollo desde dentro.**

Así como una planta posee una orientación intrínseca hacia su pleno desarrollo, también nosotros poseemos pasiones e inclinaciones que nos mueven hacia la realización de nuestro ser.

Es cierto que las fuerzas que nos impulsan están sometidas a tensiones y suelen oponerse recíprocamente, debido a la complejidad de nuestro ser y al desorden causado por el pecado. Por eso, será siempre necesario un discernimiento, basado en la reflexión y en la oración, para llegar a determinar si los impulsos vitales que nos animan son queridos por Dios o son, más bien, manifestaciones de instintos desordenados.

> Las fuerzas que nos impulsan están sometidas a tensiones y suelen oponerse recíprocamente debido a la complejidad de nuestro ser y al desorden causado por el pecado.

La complementación de este camino con los otros caminos de búsqueda, nos ayudarán a discernir. En todo caso, tendremos siempre presente que nuestra naturaleza está herida por el pecado original, pero no está corrompida. Contamos con la realidad de la gracia del Espíritu Santo que presupone y edifica sobre nuestra naturaleza. La gracia no se yuxtapone a la naturaleza, sino que la compenetra y la anima desde dentro, sana las desviaciones de nuestros instintos e impulsos, los eleva y perfecciona, los purifica y fortalece.

> El ideal no capta sólo la esfera intelectual, sino que actúa como una fuerza que brota de las capas más profundas de nuestra alma.

De allí que para encontrar el ideal personal conviene conocerse a sí mismo y descubrir cuál es el impulso fundamental que vibra en nuestro ser, cuáles son los valores y los intereses que nos atraen.

Este impulso básico es como el alma del ideal personal y su energía intrínseca. El ideal no capta sólo la esfera intelectual o racional en nosotros, sino que actúa como una fuerza que brota de las capas más profundas de nuestra alma.

a. Las pasiones

Un primer paso consiste en **detectar** nuestra *pasión dominante.*

Se podría consultar muchos sistemas de caracterología para descubrir cuáles son nuestras tendencias. Por razones prácticas, utilizamos una nomenclatura tradicio-

nal que aún guarda su vigencia. Se trata de la distinción entre la pasión dominante "concupiscible" y la pasión dominante "irascible".

Por cierto, podríamos adoptar otros sistemas actuales de caracterología, si ello nos parece más conveniente. Lo importante es que nos brinden un camino fácil y certero en el discernimiento de nuestros impulsos y pasiones.

Cuando decimos *"pasiones"*, entendemos aquellas fuerzas instintivas que nos impelen desde dentro, pero sin que ello connote una valoración moral. Las pasiones no son buenas ni malas. Son simplemente fuerzas. Su bondad o su malicia depende del objeto hacia el cual las orientamos mediante nuestra libertad.

Cuando decimos pasión "dominante", constatamos que la persona posee diversas pasiones, pero una entre ellas destaca más que las otras. Será extraño encontrar una persona en la cual una sola pasión domine casi exclusivamente. En general se da un cierto equilibrio. Además, a partir de la pasión dominante, debe cultivarse también la otra complementaria a fin de lograr una personalidad más armónica.

Por pasión dominante *"concupiscible"* se entiende el impulso a dar y recibir amor, o el ansia de alcanzar una unión de amor con el tú. Al referirnos a ella hablaremos simplemente del ansia de dar y de recibir amor.

> Las pasiones son simplemente fuerzas. Su bondad o su malicia depende del objeto hacia el cual las orientamos

> Quien ama siente un impulso interior a superar las dificultades que obstaculizan la posesión del objeto amado.

La pasión dominante *"irascible"* es aquella que nos impulsa a la acción y a la conquista; es la que nos mueve a superar los obstáculos que se presentan en el camino. La llamaremos *ansia de conquista*.

Si se analizan ambas pasiones en profundidad, constatamos que radican, en último término, en el instinto fundamental del ser humano creado según la imagen de Dios: *el impulso al amor.* **El amor es, en definitiva, la pasión básica del hombre. Las pasiones dominantes que hemos nombrado son diversas modalidades del instinto fundamental del amor.** El amor es una tendencia hacia un bien con el fin de poseerlo o de unirse a él. La persona aspira a un valor impulsada por el amor, que despierta en ella la totalidad de sus fuerzas. Ante el objeto amado reacciona fundamentalmente de dos maneras: puede predominar en ella el deseo de poseerlo y unirse a éste para gozar y reposar en esa unión, o bien, puede estar más vivo el impulso de conquistarlo, cueste lo que cueste. Quien ama siente un impulso interior a superar las dificultades que obstaculizan la posesión del objeto amado.

Analizamos brevemente cada una de las pasiones dominantes.

b. La pasión dominante "concupiscible" o el ansia de dar y recibir amor

Como ya dijimos, esta pasión busca la unión con el ser amado y se complace en la comunidad del amor. A las personas en quienes domina esta pasión, no les importa tanto ser "grandes personalidades", prefieren tener un gran amor. Desean primariamente darse personalmente y ser acogidas por un tú. **Son temperamentos más bien afectivos.** Instintivamente tienden al contacto personal, a crear lazos de amistad y a relacionarse. Poseen una tendencia que los impulsa naturalmente a la entrega y al sacrificio por el tú. Personalidades de este tipo poseen, normalmente, la capacidad de comprender y de sentir con los otros; están dispuestas a ayudar y a servir. Como son personas que buscan sobre todo la comunidad y goce del amor, carecen con frecuencia de espíritu de lucha y de conquista. Caen con facilidad en la sensualidad y en el pasivismo, en la pereza, en el subjetivismo, en la hipersensibilidad, en la cobardía y en la tendencia a poseer al otro egoístamente, o bien en una dependencia no sana del tú. Quien está impulsado por esta pasión, quiere ser comprendido y amado, y si no lo logra, se desconcierta y termina a veces cerrándose y amargándose.

Esta pasión dominante es positiva por la inmensa fuerza con que impulsa hacia el tú, hacia el intercambio personal, al servicio y a la entrega de sí mismo. Por ejemplo,

José Engling, uno de los jóvenes fundadores de Schoenstatt, poseía esta pasión dominante. Formuló así su ideal personal: "Ser todo para todos, dependiendo especialmente de María". Supo encauzar esta fuerza fundamental y darle la orientación querida por Dios, logrando el heroísmo del amor. En santos como san Juan Evangelista, el discípulo amado por el Señor, o san Francisco de Asís ciertamente predominaba esta pasión.

> La pasión "concupiscible" predominaba en san Juan Evangelista o san Francisco de Asís.

c. **La pasión dominante "irascible" o ansia de conquista**

Tiene como objeto principal el **espíritu de superación y de lucha.** Es una pasión típica de personas combativas que son atraídas por valores como el poder y la gloria. Sienten el impulso instintivo a realizar cosas heroicas y se complacen en superar las dificultades que se presentan en la consecución de su objetivo. Son personalidades hechas para la acción. Quisieran ser héroes y realizar grandes hazañas; toman iniciativas con gusto y organizan; se sienten satisfechas cuando han logrado una conquista, mostrando así su capacidad de lucha.

Este tipo de personas tiende generalmente a caer en el orgullo, la ambición, el despotismo, la crueldad, la dureza, el utilitarismo y la falta de respeto. Les cuesta mucho aceptar los propios límites y darse personalmente. Encuentran placer venciendo situaciones difíciles,

San Pablo poseía ciertamente la pasión "irascible", al igual que san Ignacio de Loyola

compitiendo y ganando, pero a veces, sin darse cuenta, imponen sus opiniones y sus deseos.

Quien posee esta pasión dominante cuenta con una fuerza que lo puede llevar muy lejos en la realización de su ideal personal. Max Brunner, otro de los jóvenes schoenstattianos fundadores, tenía como ideal personal "Ser una columna de la Iglesia". Era una típica personalidad en la que predominaba el ansia de conquista. San Pablo poseía ciertamente esta pasión dominante. De modo semejante, san Ignacio de Loyola, cuyo lema era: "Para la mayor gloria de Dios", se caracterizaba como un gran luchador por el reino de Cristo.

Como ya dijimos, **toda persona posee ambas pasiones. Debemos descubrir cuál es nuestra pasión dominante para poder encauzar positivamente toda su fuerza al servicio del ideal personal.**

Nuestro ideal personal debe "alimentarse" de esta sustancia. En su formulación tiene que vibrar nuestra pasión dominante. Mediante el ideal personal encauzamos y orientamos esa energía básica que Dios puso en nuestra alma.

Nuestro ideal personal nos ayudará también a despertar y desarrollar la pasión secundaria a fin de alcanzar una madurez integral de la personalidad. Por eso, quien está orientado hacia la conquista y posee un marcado espíritu de lucha, deberá aprender también a cultivar los

> En la búsqueda de la pasión dominante, es necesario tener en cuenta que ésta se presenta dentro del marco de un amplio campo de posibilidades y formas.

valores de la entrega personal y del servicio abnegado a la vida ajena. Si alguien en cambio, por su temperamento, posee un fuerte impulso hacia la comunicación personal, al servicio y a la amistad, deberá cultivar los rasgos combativos de su carácter, la valentía para enfrentar los obstáculos y todo aquello que es más propio del ansia de conquista.

En la búsqueda de la pasión dominante, es necesario tener en cuenta que ésta se presenta dentro del marco de un amplio campo de posibilidades y formas. De acuerdo a la estructura psicológica propia de la persona y según las circunstancias que condicionan al individuo, la pasión dominante se actualiza de diversas maneras. Por eso, más allá de la determinación de la pasión dominante en general, nos interesa llegar a captar **el impulso básico original de nuestro modo de ser.**

Puede suceder que alguien vibre hondamente por la verdad, o tenga un marcado afán por construir y realizar, que posea una tendencia innata hacia lo social, o un fino sentido por la pureza, etc. Son innumerables las formas y los matices en los cuales puede expresarse la pasión dominante. **Por eso es importante captar ese impulso fundamental original y convertirlo en el alma o energía interior del ideal personal.** De esta manera, cultivando este impulso fiel y consecuentemente, bajo la influencia de la gracia que sana y eleva la naturaleza, y guiándonos por lo que nos indica la divina Providen-

cia mediante las circunstancias, conquistaremos poco a poco la plena libertad de los hijos de Dios en el amor.

Para descubrir la pasión dominante, podemos hacernos un test recorriendo las características de cada pasión y viendo con cuáles nos sentimos más identificados. La persona debe observarse a sí misma y recordar especialmente los momentos en que actuaba en forma espontánea, cuando no estaba bajo el control de una reflexión consciente o sujeta al imperio directo de la voluntad. Tratamos, entonces, de captar nuestras reacciones más primarias, en nuestra manera de enfrentar la vida y en nuestros "sueños despiertos".

Pueden ayudarnos las preguntas sobre cuál ha sido la causa de mayores alegrías de nuestra vida; por qué, en ciertos momentos, nos hemos sentido plenamente realizados. O bien, preguntarnos qué cosas son las que más nos han hecho sufrir. A través de esas preguntas, con relativa seguridad llegaremos a tocar las raíces de nuestra estructura sicológica, lo más vivo que hay en nosotros, aquello para lo cual tenemos mayor receptividad.

> La persona debe observarse a sí misma y recordar los momentos en que actuaba en forma espontánea, cuando no estaba bajo el control de una reflexión consciente.

1 El ideal personal

> Al formular nuestro ideal, debemos captar el nervio central, la médula, nuestro "secreto" más personal.

1.3. Formulación del ideal personal

La etapa de búsqueda del ideal personal culmina con la formulación de un lema, con la elección de un símbolo y la redacción de una oración personal.

1.3.1 Labor de síntesis

Una vez recorridos los diversos caminos de búsqueda del ideal personal, se hace necesaria **una *labor de síntesis*.** Al contemplar y comparar el fruto de nuestras meditaciones, descubriremos con relativa facilidad que ciertos elementos tienden a repetirse. **Se trata normalmente de tres o cuatro elementos referidos a nuestras tendencias básicas y que expresan la misión que Dios nos ha encomendado.**

Toda formulación del ideal necesariamente será incompleta. No se trata de hacer un resumen de todo aquello a lo cual aspiramos, sino de **captar el nervio central, la médula, o nuestro "secreto" más personal.** Por eso tratamos de sintetizar lo encontrado en dos o tres aspectos o actitudes centrales. **En la formulación del ideal personal muchos elementos quedarán necesariamente implícitos.** Por ejemplo, puede suceder que alguien posea una rica experiencia de la paternidad de Dios y vea todo desde el punto de vista de la filialidad. El desarrollo fiel de esa gracia y tendencia fundamental,

> El ideal personal nos da así un rostro y carácter definidos, evita que permanezcamos en la dispersión.

lleva a captar progresivamente la vinculación a Cristo, al Espíritu Santo y a la Iglesia, como fue el caso, por ejemplo, de santa Teresita del Niño Jesús.

A partir de la filialidad se descubre la fraternidad, el espíritu de servicio, la obediencia, la audacia, etc., es decir, el conjunto orgánico de virtudes que abarcan aspectos de la realidad natural y sobrenatural. Por medio de esa concentración o "reducción" propia del ideal personal, se va alcanzando paulatinamente la madurez en Cristo. El ideal personal nos da así un rostro y carácter definidos, evita que permanezcamos en la dispersión o que nos esforcemos mecánicamente por la consecución de actitudes separadas unas de otras. En este sentido, es válida la frase de Nietzche: "Temo al hombre de una sola idea".

Una vez hecho el trabajo de síntesis antes mencionado, podemos ir aún más a fondo, buscando cuál es la raíz última, qué es aquello que está más vivo en nuestra alma, **cuál es el aspecto más fuerte de nuestra pasión dominante, la tarea que más nos atrae y que enciende nuestro ser con mayor vigor.**

1.3.2. Formular un lema y escoger un símbolo

Una vez dados estos pasos, estaremos en condiciones de *formular nuestro ideal personal y/o de expresarlo en un símbolo.*

El lema recoge en forma sucinta el núcleo de nuestro ideal, matizándolo con la evocación de otros elementos centrales si así nos parece conveniente.

En todo caso, es aconsejable aludir en el lema a las notas positivas y también a los obstáculos que más impiden la realización del ideal personal. Si alguien acentúa la tendencia a la donación y servicio, o la fidelidad, y elige como lema, por ejemplo, "Fiel en la entrega", podría ocurrir que la falta de iniciativa y de espíritu de lucha hagan que ese ideal pierda poco a poco su dinámica. Debería completar entonces su formulación diciendo: "Heroicamente fiel", o "Por tu reino, fidelidad heroica". De este modo, en el mismo lema se da una polaridad que invita a la acción y a la superación de nuestras debilidades.

El lema elegido como fórmula del ideal personal, no debe ser una idea abstracta, vaga, ni un puro concepto, sino una *frase corta, concisa, emotiva, que llame a la acción*.

Ese lema nos hará así vibrar interiormente y despertará el núcleo de nuestra vivencia religiosa y de nuestra vocación personal.

En lugar de un lema podemos usar un símbolo, o bien –lo que aún es mejor– ambas cosas a la vez: un símbolo suele sugerir más que las palabras y traducir mejor nuestras aspiraciones.

> El lema o símbolo de nuestro ideal se convierte en el punto de referencia de nuestras vivencias y actividades.

También es útil una **fórmula más larga del ideal**, como complementación al lema, e incluso **escribir una especie** *de resumen general o "carta magna"* **del ideal**. Así podremos revisar y profundizar mejor el contenido de nuestro ideal en las renovaciones mensuales y en nuestros retiros espirituales.

Podríamos contentarnos con una captación global del ideal sin llegar a expresarlo en un lema o en un símbolo definido o podríamos usar a la vez varias fórmulas o imágenes. Sin embargo, **nuestro sistema de autoformación recomienda como particularmente útil y hasta necesario, dado el tiempo que vivimos, llegar a una mayor concreción.** Es cierto que una frase o un símbolo nunca podrán resumir adecuadamente toda la riqueza del ideal. Pero, si atendemos al tipo de vida que llevamos, a la atmósfera adversa en la que normalmente nos movemos, o a la pluralidad de motivaciones que nos solicitan y al ajetreo reinante en un ambiente que nos dispersa, entonces resulta claro que se requiere un lema o un símbolo que sea la estrella o brújula que constantemente nos ponga en contacto con aquello que da sentido profundo y, a la vez, continuidad a nuestra vida. Ese lema/símbolo **se convierte en el punto de referencia o centro de asociación de nuestras vivencias y actividades.**

Evocarlos basta para ponerse en contacto con el núcleo de nuestra personalidad, con nuestro "pequeño secreto".

De este modo también podremos mantener un contacto vivo con el Señor y "caminar en su presencia", en medio de la dispersión y complejidad de nuestro medio ambiente y de las múltiples ocupaciones que nos requieren y exigen constantemente.

Normalmente no es aconsejable cambiar la formulación, a menos que la elegida se muestre realmente inadecuada. Ciertos desarrollos verdaderamente esenciales del ideal personal pueden hacer necesario agregar o cambiar a veces una palabra del lema, o modificarlo conjuntamente con el símbolo. Pero, para justificar ese cambio, no basta que en un momento dado el lema elegido "no nos diga nada". **Una fórmula que se elige y que luego se archiva, pasado algún tiempo, probablemente no nos dirá nada. Primero debemos trabajar efectivamente con la fórmula del ideal; de otro modo no alcanza a llenarse de valor ni es capaz de despertar nuestras energías.**

> Debemos trabajar efectivamente con la fórmula del ideal; de otro modo no alcanza a llenarse de valor ni es capaz de despertar nuestras energías.

1.3.3. La oración del ideal personal

Por último, es también conveniente redactar *una oración del ideal personal,* en la que se exprese su contenido en forma sencilla. Esta oración debe ser más bien corta, para que pueda rezarse al modo de un Padrenuestro, un Avemaría o la "Pequeña Consagración" ("Oh Señora mía, oh Madre mía"). Rezarla cada día, sea en la mañana o en la noche, refuerza aún más la profundidad de nuestra vida interior.

Un *acto de ofrecimiento* y **compromiso con el Señor y la Santísima Virgen** sella esta etapa de búsqueda del ideal personal. En este acto pedimos el auxilio de la gracia, que nos hace dóciles a la voluntad de Dios Padre y nos comprometemos a cooperar con él en la realización del plan de amor que él ha "soñado" para nosotros.

1. El ideal personal

> "A quien se le dio mucho, se le reclamará mucho; y a quien se le confió mucho, se le pedirá más".

1.4. Internalizar el ideal personal

VIVIR y plasmar nuestro ser y actuar según el ideal personal implica un trabajo de autoformación que sólo concluye con el término de nuestra vida. Requiere revestirnos del "hombre nuevo", creado según Cristo Jesús y librar una lucha planificada y permanente contra el "hombre viejo" que "llevamos puesto" a partir de las consecuencias que han dejado en nuestra persona el pecado original y nuestros pecados personales.

La vida cristiana es un combate, supone una constante conquista, porque el "reino de los cielos sufre violencia, y los violentos lo arrebatan" (Mt 11,12). Dice el Señor: "A quien se le dio mucho, se le reclamará mucho; y a quien se le confió mucho, se le pedirá más" (Lc 12, 48). En verdad, Cristo espera que crezcamos, que demos fruto, que multipliquemos con nuestro trabajo los talentos que nos ha regalado (cf. Jn 15, 1ss; Mt 25, 15ss).

Todo el esfuerzo por crecer en la conquista del ideal se guía por la divisa: "Nada sin ti, nada sin nosotros". Es decir, aspiramos a la más alta perfección poniendo en juego todo nuestro empeño, pero teniendo conciencia de que incluso ese empeño es un don de la gracia, pues sin ésta nada podemos. El mero esfuerzo ético nunca nos conducirá a la meta. Es el Señor quien nos redime

Tener presente y recordar siempre de nuevo el ideal personal, muestra nuestro auténtico anhelo de cumplir la voluntad de Dios.

y libera; es él quien completa la obra que ha comenzado en nosotros. Es María, nuestra Madre y Educadora, quien implora constantemente para nosotros su gracia. Este convencimiento imprime a nuestra lucha por el ideal una victoriosidad y esperanza que nos animan constantemente a seguir el camino que señala nuestro ideal y a emprenderlo cada día de nuevo, a pesar de los múltiples fracasos y caídas.

Tener presente y recordar siempre de nuevo el ideal personal, muestra nuestro auténtico anhelo de cumplir la voluntad de Dios y responder así a la vocación o misión personal que él nos ha confiado.

Esto lo logramos, primero, valiéndonos de medios concretos para mantenerlo presente, y, segundo, tratando de aplicarlo y plasmarlo en nuestra vida diaria.

Lo primero lo logramos a través de *las renovaciones del ideal personal* y, lo segundo, a través de *la práctica del examen particular y del horario espiritual*.

1.4.1. La renovaciones del ideal personal en general

Cuando Moisés promulga la ley de la alianza, dice al pueblo de Israel:

> Escucha, Israel. Yahvéh nuestro Dios es el único Yahvéh. Amarás a Yahvéh tu Dios con todo tu corazón, con toda tu alma y con toda tu fuerza. Queden en tu corazón estas palabras que yo te

> La fuerza de los instintos desordenados, el bullicio del mundo que nos rodea y el activismo, acallan en nosotros la voz de nuestro ideal personal.

dicto hoy. Se las repetirás a tus hijos, les hablarás de ellas tanto si estás en casa como si vas de viaje, así acostado como levantado; las atarás a tu mano como una señal, y serán como una insignia entre tus ojos: las escribirás en las jambas de tu casa y en tus puertas. (Dt 6, 4-9)

El esfuerzo que realizamos por concientizar o internalizar nuestro ideal personal, con el fin de mantenerlo presente en nuestra mente y en nuestro corazón, es semejante al que pide Yahvéh al pueblo de Israel, a fin de que éste siempre tenga presente la alianza.

Somos hombres débiles, con facilidad perdemos de vista al Dios de la alianza y olvidamos nuestros ideales. La fuerza de los instintos desordenados, el bullicio del mundo que nos rodea y el activismo, acallan en nosotros la voz del ideal. Terminamos perdiendo nuestro norte. Poco a poco se desvanece nuestro núcleo más íntimo. De ahí que, **si no existe una concientización permanente y planificada del ideal personal, terminaremos perdiéndolo de vista.** El olvido natural, los cambios de nuestro estado de ánimo, las múltiples motivaciones que nos acosan por todos lados, acaban borrándolo de nuestra mente.

Un primer paso en esta línea es haber logrado expresar el ideal en un lema y/o símbolo y haber formulado una oración del ideal. La meta es que esa formulación

"Estar poseído" por el ideal significa que éste ha captado y puesto en movimiento toda nuestra vitalidad consciente e inconsciente; que se ha convertido como en una "segunda naturaleza" para nosotros.

o símbolo realmente capten toda nuestra alma. Cuando definimos por primera vez el ideal personal, decimos que "tenemos" un ideal personal. Pero, aspiramos a algo más: quisiéramos lograr que, más allá de "tener" un ideal, estemos "poseídos" por el ideal.

"Estar poseído" por el ideal significa que éste ha captado y puesto en movimiento todo nuestro entusiasmo, nuestra vitalidad consciente e inconsciente; que se ha convertido como en una "segunda naturaleza" para nosotros, de tal manera que actuamos no sólo reflexiva sino espontáneamente en el sentido del ideal. Lograr esta meta es producto de nuestro esfuerzo, del "actuar a propósito" (es decir, de actos conscientes y concretos en esa dirección). Más allá de esto, en último término, es un regalo de la gracia del Espíritu Santo que actúa en nosotros y nos "posee" desde adentro. Con el correr del tiempo, el ideal personal estará "funcionalmente" presente en nuestra alma y guiará así nuestras decisiones y actuar.

Las siguientes prácticas (en el sentido del "actuar a propósito") son una ayuda eficaz para hacer presente, en nuestra mente y en nuestro corazón, el ideal personal:

– renovaciones frecuentes del ideal,

– revisión de los acontecimientos a la luz del ideal personal,

– programación de acuerdo al ideal,

– hacer del ideal personal un criterio de decisión, y
– convertirlo en fuente de nuevas iniciativas.

1.4.2. Las renovaciones frecuentes del ideal personal

En el trozo del Deuteronomio que citamos anteriormente, se decía a Israel que debía grabar en su corazón las palabras de la ley y que debía repetirlas y atarlas como recordatorio en las manos, en las puertas de las casas, para tenerlas siempre presentes. Algo semejante hacemos con el ideal personal.

Cuando hablamos de renovar o "repetir" el ideal personal, no pensamos en una repetición mecánica y forzada. **Se trata de renovaciones que son una actualización del amor y de nuestra unión afectiva con el Señor**; son "pausas creadoras" a lo largo del día, momentos en que nos vinculamos en forma más intensa y profunda con el Señor y con María en el santuario de nuestro corazón.

El amor quiere renovarse y debe hacerlo para mantenerse vivo. Estas renovaciones "planificadas" nada restan a la espontaneidad de ese amor. Por otra parte, pedagógicamente se hacen necesarias debido al hecho de estar heridos por el pecado original, que somos seres de carne y hueso y no ángeles, que estamos en camino y en medio de una lucha. Si nos adormecemos y no vigilamos, "nuestros corazones se harán pesados" y serán

  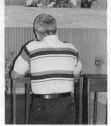

La revisión amplia y detallada del día, a la luz de la fe práctica de la divina Providencia, da sentido a todo lo que nos acontece en relación al ideal personal.

otros amores los que nos arrastren en pos de sí. No en vano nos amonesta el Señor a estar constantemente en una actitud de vigilia.

Hay dos renovaciones del ideal personal que revisten especial importancia: *la renovación al inicio y al término del día* (ver en el "Hacia el Padre" las oraciones de la mañana y de la noche).

Normalmente, acostumbramos hacer *una revisión amplia del día,* sea ésta en la noche o en la mañana; (ello depende de cada persona y de su disponibilidad de tiempo). En esta revisión, recorremos el día a la luz de la fe práctica en la divina Providencia. Entonces, todo lo que nos ha acontecido cobra sentido en relación con el ideal personal. Recogemos lo que ha ocurrido durante el día y lo contemplamos a la luz del ideal, para agradecer, pedir perdón, alabar y adorar. Esa oración encuentra su complemento y su prolongación, antes de dormirnos, cuando elevamos con simplicidad nuestro corazón al Señor, le entregamos nuestro descanso y le ofrecemos levantarnos al día siguiente a la hora señalada para realizar con alegría nuestro ideal personal y cumplir así su voluntad.

Al día siguiente, cuando nos levantamos, nuestros primeros pensamientos se dirigen al Señor para saludarlo y ofrecer, a él y a María, la nueva jornada que quiere ser conformada según el ideal. Este corto saludo encon-

> A través de las "pausas creadoras" en medio de la actividad diaria, creamos en nuestro interior un "clima espiritual" que nos vivifica y da un estilo a nuestra vida.

trará mayor expresión en las oraciones de la mañana y en la eucaristía.

La acción de gracias después de la comunión y la meditación, que hacemos si es posible diariamente, son siempre ocasiones privilegiadas de renovación y de profundización de nuestro ideal, en el diálogo íntimo con el Señor.

Además de las renovaciones al inicio y al término del día, es conveniente renovar el ideal personal en torno al mediodía.

En estas renovaciones, el lema, el símbolo y la pequeña oración del ideal personal, constituyen una valiosa ayuda. Basta una breve mirada a nuestro símbolo personal, o el recuerdo de nuestro lema, para revivir todo el contenido que ellos esconden y ponernos en contacto en forma simple y directa con el Señor desde el centro de nuestra personalidad. A través de estas "pausas creadoras", tomamos contacto nuevamente con el "núcleo de nuestra alma", con nuestra "idea predilecta", en medio de la actividad diaria. Al hacerlo actualizamos la unión personal con el Dios de la vida y nos reorientamos hacia lo que da sentido a nuestra existencia. **En otras palabras, creamos en nuestro interior un "clima espiritual" que nos vivifica e imprime un estilo a nuestra vida.**

Ciertamente que, más allá de estas renovaciones "programadas", también existen las renovaciones "espontá-

> Las renovaciones "espontáneas" del ideal, se dan en cualquier momento del día, o cuando alguna circunstancia nos lleva a pensar conscientemente en él.

neas" del ideal, que se dan en cualquier momento del día, o cuando alguna circunstancia nos lleva a pensar conscientemente en él. Esto se hace aun más fácil y natural cuando tenemos, por ejemplo, el lema o símbolo en una imagen colgada en la pared, sobre nuestro escritorio o lugar de trabajo, en nuestra agenda o en protector de pantalla del computador. Basta entonces una mirada a esa imagen o símbolo y ello evocará el mundo en el cual nos movemos y por el cual luchamos.

1.4.3. Revisión de los acontecimientos a la luz del ideal personal

Como explicamos anteriormente, uno de los caminos preferidos para descubrir el ideal personal es la meditación de nuestra historia a la luz de la fe. Una vez encontrado el ideal, éste nos ayuda a interpretar las circunstancias concretas por las cuales atravesamos y a descubrir el mensaje que por ellas nos envía el Dios de la vida. Es así como el proyecto de nuestra vida, expresado en el ideal, nos permite entender mejor lo que Dios requiere de nosotros en un momento determinado, y nos hace más fácil desentrañar su voluntad, en medio de nuestros éxitos y fracasos cotidianos y de las encrucijadas de nuestra existencia. Esto no quiere decir que el ideal nos aclare las cosas a tal punto que no quede siempre un amplio campo para la audacia de la entrega en la fe. Sin embargo, la conciencia del designio general de Dios sobre nuestra vida nos ayudará eficazmente a encontrar

> Por el ideal, aspiramos a una vida cristiana auténtica que en todo momento esté orientada por la luz de la magnanimidad.

el camino y a dar coherencia a nuestra vida en medio de las vicisitudes a las cuales estamos sometidos.

El ideal personal, al mismo tiempo, es criterio de valoración de nuestras acciones. No nos guiamos simplemente por la norma de evitar el pecado. Por el ideal, aspiramos a una vida cristiana auténtica que en todo momento esté orientada por la luz de la magnanimidad. El ideal es esa luz que nos ilumina para juzgar nuestras actitudes, lo que hemos hecho y lo que hemos dejado de hacer en nuestra jornada diaria. Como ya explicamos, para poner esto en práctica, normalmente hacemos cada día una revisión de vida o "meditación de la vida diaria", y allí consideramos lo que Dios nos ha querido decir por los acontecimientos. Esta referencia constante al ideal hará que éste se arraigue cada día más en nuestra existencia.

1.4.4. *Programar, decidir y tomar nuevas iniciativas a la luz del ideal personal*

No sólo el pasado y presente son objeto de la concientización del ideal personal; también lo es el futuro, lo que tenemos por delante. Todo lo que emprendamos debe estar, de alguna manera, inspirado por el ideal.

Como personas libres y dotadas de inteligencia, tenemos la obligación de prever, de programar y decidir, disponiéndonos a enfrentar el futuro y forjarlo según

> El ideal personal también debe convertirse en un factor de creatividad e iniciativa; tiene que llevarnos a sobrepasar las categorías de lo "normal" y sacarnos de la pasividad.

nuestros principios. Por eso, una vez formulado nuestro ideal, es importante aprender a tomar decisiones, por un largo tiempo en forma consciente, a la luz del ideal, hasta que este modo de proceder se torne paulatinamente espontáneo y natural en nosotros.

Muchas veces en nuestra vida, en momentos cruciales, nos encontramos ante disyuntivas. Tendremos que tomar decisiones importantes y no las podremos postergar. Existen horas en las cuales la indecisión significa desperdiciar las posibilidades que nos da el Dios de la vida y no aceptar la invitación que él nos hace.

El ideal personal también debe convertirse en un factor de creatividad e iniciativa; tiene que llevarnos a sobrepasar las categorías de lo "normal" y a sacarnos de la pasividad. Por el ideal queremos declarar la guerra a la mediocridad que pesa en nosotros. Por eso nos preguntamos, una y otra vez, qué más podríamos hacer, qué más podríamos dar, qué nueva iniciativa podríamos emprender a la luz del ideal. Quien ama, trata de hacer todo lo mejor posible y busca creadoramente cómo dar mayor alegría al Señor.

Como vemos, se trata de una concientización progresiva del ideal personal, de modo que logre informar toda nuestra vida y que ésta, a su vez, confluya hacia el ideal y de él reciba impulso y cohesión.

2. El propósito o examen particular

Buscamos caminos prácticos que nos conduzcan a plasmar en la vida cotidiana nuestro ideal personal. El **propósito particular o examen particular**, el **horario espiritual**, la **confesión frecuente** y la **cuenta mensual,** son medios prácticos que constituyen una ayuda eficaz en la realización del ideal personal.

2.1. El examen particular en general

> Siempre contamos con la ayuda del Señor y de María; somos nosotros los que podemos descuidar la tarea de santificarnos por falta de decisión y seriedad en nuestros propósitos.

EN Schoenstatt se utilizan los dos términos, **propósito particular y examen particular**; ambas expresiones son equivalentes. La expresión "propósito particular", nacida al interior de Schoenstatt, acentúa el objetivo que se persigue: alcanzar una actitud o virtud determinada, particular, (traduce del idioma alemán "besonderer Vorsatz"). El término "examen particular" es tradicional en la espiritualidad cristiana. Acentúa el examen o revisión acerca del propósito.

Tanto el propósito particular como el horario espiritual y los demás medios complementarios que ofrece el sistema de autoformación schoenstatiano, ponen en juego nuestra real cooperación con la gracia. Siempre contamos con la ayuda del Señor y de María, nuestra Madre; nosotros somos los llamados a no descuidar la tarea de santificarnos por falta de decisión y seriedad en nuestros propósitos.

> El horario espiritual y el examen particular aseguran nuestra autoformación de modo que superemos esa "vaguedad" en que solemos movernos.

El horario espiritual y el examen particular buscan asegurar nuestra autoformación de modo que superemos esa "vaguedad" en que generalmente nos movemos y vayamos más allá de los "buenos deseos". Estos medios prácticos crean una especie de "infraestructura espiritual" que asegura un crecimiento orgánico y positivo de nuestra personalidad.

Debido a que se suelen confundir, es importante tener claridad sobre la diferencia que existe entre examen particular (usaremos aquí de preferencia este término) y horario espiritual.

Así como necesitamos alimentarnos cada día, tomando un desayuno, almorzando y cenando, de modo semejante, también nuestra vida espiritual necesita un alimento suficiente y constante. El horario espiritual asegura que lo recibamos a fin de que nuestra vida espiritual sea rica, abundante y armónica y evitemos caer en una desnutrición o raquitismo del espíritu. El horario espiritual contiene puntos específicos o acciones concretas, tales como, por ejemplo, oración de la mañana, hora de levantada, 15 minutos de gimnasia, lectura espiritual, etc.

El examen particular, en cambio, se refiere a nuestra decisión de conquistar una actitud o virtud determinada, en la cual centramos nuestro esfuerzo y compromiso. Por ejemplo, la decisión por conquistar una vida de

El examen particular se refiere a nuestra decisión de conquistar una actitud o virtud determinada.

oración más profunda, o por conquistar la virtud del orden o del servicio, etc. No se trata de actos concretos como podría ser, por ejemplo, rezar la oración de la noche o hacer 10 minutos de gimnasia cada día, que son materia propia del horario espiritual.

El examen particular es un arma de lucha y de progreso espiritual donde se manifiesta nuestra voluntad de seguimiento del Señor y la seriedad de nuestro esfuerzo de cooperar con su gracia. Aborda un campo de conquista específico, que quiere ser de algún modo la "atmósfera" que traspase nuestro quehacer cotidiano. El cultivo de la actitud que se ha elegido como objetivo del examen particular se va manifestando y concretando en diversas acciones durante el día.

La misma expresión "propósito particular", acentúa el hecho de que ese examen implica centrarse en una virtud específica, y que corresponde a una decisión clara de nuestra voluntad: es un verdadero «propósito» y no un simple deseo o una intención vaga e indefinida. Decimos, de "una" virtud o actitud concreta, pues, como reza el refrán popular "quien mucho abarca, poco aprieta". Además, si tratásemos de conquistar a la vez, por ejemplo, la paciencia, el orden, la servicialidad, etc. pronto nos desalentaríamos ante nuestros fracasos. Sería utópico e imposible aspirar a la realización global y simultánea de todos los aspectos que incluye el ideal.

> En la vida espiritual sucede algo semejante a lo que pasa con la ley de los vasos comunicantes: si se llena de agua uno de los tubos, al mismo tiempo sube el nivel del resto.

Cuando actuamos en el mundo de los negocios o en el campo profesional, somos mucho más "pragmáticos" y consecuentes, más concretos y realistas que cuando llevamos a la práctica los ideales cristianos. "Los hijos de las tinieblas son más astutos que los hijos de la luz", dice el Señor" (Lc 16, 8). Se tiene claramente definido el fin que persigue la empresa. Se fijan las metas parciales a conseguir y se controla si éstas se han cumplido o no, etc. Sin embargo, no se aplican criterios semejantes en la empresa más importante que tenemos: ser nosotros mismos y realizar el plan que Dios pensó para nosotros.

Por eso, es preciso ir paso a paso, poniéndonos metas parciales y objetivos que realmente podamos abordar con éxito. En la vida espiritual sucede algo semejante a lo que pasa con la ley de los vasos comunicantes: si se llena de agua uno de los tubos, al mismo tiempo sube el nivel del resto. Nuestra vida espiritual es un organismo: **crecer en una actitud, implica que simultáneamente se fortalecen también las otras.** Así, por ejemplo, si alguien se concentra en la conquista del espíritu de servicio, al mismo tiempo, luchando por esa virtud, desarrollará el espíritu de renuncia, de iniciativa, de sacrificio, de generosidad, de obediencia, etc. El avance en un frente significa también avanzar en los otros.

> De acuerdo a lo que Dios señale, nos abocamos a la lucha por conquistar otras actitudes que hasta el momento no habíamos considerado, pues "a cada día le basta su afán".

Este método de trabajo con objetivos parciales, corresponde también al hecho que nuestro campo conciencial es limitado. No somos capaces de tener siempre todo presente en la conciencia, ni tampoco es necesario. Mientras estamos motivados por la conquista de una virtud determinada, otros aspectos del ideal quedarán en segundo plano. Luego, orgánicamente y de acuerdo a lo que Dios señale por las circunstancias, nos abocamos a la lucha por conquistar otras actitudes que hasta el momento no habíamos considerado mayormente. Esta concentración y acentuación orgánicas –o "unilateralidad orgánica"– supera la dispersión ("a cada día le basta su afán") y confiere dinamismo a nuestra vida espiritual.

2. El propósito o examen particular

> La conquista del ideal personal significa el esfuerzo por encarnar el ideal que nos muestra la Buena Nueva de Jesús y de imitar al Señor conformando nuestra persona con la suya.

2.2. La originalidad schoenstattiana del propósito particular

EL P. Kentenich integró la práctica tradicional del examen particular como medio ascético en Schoenstatt, dándole una modalidad propia. En primer lugar, lo puso en relación directa con el ideal personal. Y, en segundo lugar, el modo de elegirlo, a diferencia de lo que era costumbre, lo puso en relación con una búsqueda de su objetivo a la luz de la fe práctica en la divina Providencia.

2.2.1. *El propósito particular que elijamos debe estar íntimamente unido con el ideal personal.*

La conquista del ideal personal presenta un amplio abanico de posibles frentes de lucha. En definitiva se trata de encarnar el ideal que nos muestra la Buena Nueva de Jesús y de imitar al Señor conformando nuestra persona con la suya.

Podríamos entonces darnos a esta tarea, poniéndonos como meta de nuestra autoformación la conquista sistemática y progresiva de cada virtud, dedicando, por ejemplo, un mes a conquistar el espíritu de sacrificio y renuncia de sí mismo, y luego, centrar el mes siguiente en el cultivo de la vida de oración o del espíritu de sacri-

> Poner conscientemente el propósito particular en relación con el ideal personal hace que éste le dé sentido y lo motive interiormente.

ficio y así sucesivamente, sin que unamos este esfuerzo con la motivación central del ideal personal.

Sin embargo, este modo de proceder, donde la conquista de las virtudes no está expresamente unida al ideal personal, fácilmente puede llevarnos a caer en un cierto "eticismo" o "moralismo", donde la relación personal con el Señor pierde volumen, y se corre el peligro de ir plasmando una personalidad desarticulada, que se centra en la conquista de la "perfección" personal (llegar a ser un "dechado de virtudes"), en el mismo sentido de aquel fariseo que se ufanaba de haber cumplido con todo lo que la ley pedía.

Poner conscientemente el propósito particular en relación con el ideal personal hace que éste le dé sentido y lo motive interiormente, le confiera fuerza e impulso a partir de la voluntad de cumplir el plan de Dios para nuestra vida. De esta forma nuestra personalidad se va articulando, no como un mosaico de virtudes sino como un todo orgánico.

El propósito particular, como señalamos, hace que el ideal personal vaya más allá de constituir una gran motivación general que orienta nuestro ser y actuar a la luz de Dios. Su objetivo es que el ideal personal llegue a plasmar la vida. Este objetivo, definido y concreto, corresponde a una decisión clara de nuestra voluntad: es un verdadero "propósito" y no un simple deseo o

> El objetivo del examen particular es la conquista de actitudes. Por ejemplo, del espíritu de oración, del orden, de la actitud de servicio, u otra semejante.

una intención vaga e indefinida, como sería el caso de alguien que dijera: "en el futuro voy a ser mucho más ordenado, servicial y me preocuparé de llevar una vida de oración más profunda".

Sería utópico e imposible esforzarse por conquistar varias virtudes a la vez. De allí la voluntad de centrarse en la conquista de **una** sola virtud o actitud específica (particular), pues, como dice el refrán popular, "quien mucho abarca, poco aprieta". El objetivo del examen particular es, por ejemplo, la conquista del espíritu de oración, del orden, de la actitud de servicio u otra semejante. Dijimos una "**actitud**" y no simplemente un acto concreto, como es el caso de los puntos del horario espiritual (levantada a hora fija, rezo del rosario, oraciones de la noche u otros puntos semejantes).

Abrir varios frentes de lucha a la vez, además de ser ineficaz, al constatar nuestros sucesivos fracasos, pronto nos desalentaría. Al ver que no progresamos, dejaríamos de luchar. Si, en cambio, tenemos una meta clara y definida, nos alegraremos de los pequeños progresos que hagamos y nuestras caídas o faltas no obstaculizarán nuestro empeño por seguir adelante en la conquista del ideal.

Aquello que realmente se quiere, se consigue, aunque sea necesario una dura pelea. San Pablo decía: "lucho no como dando golpes en el vacío". Esa frase suya tam-

Para superar un defecto, lo formularemos positivamente en relación a la actitud contraria.

bién la podemos aplicar en este contexto. De tal modo que si alguien nos pregunta cuál es nuestro propósito particular, en cualquier momento deberíamos poder dar una respuesta clara.

El campo de lucha en el cual se juega nuestro propósito particular siempre debe ser positivo. Es decir, aunque tratemos de superar un defecto, como por ejemplo la comodidad o la superficialidad, lo formulamos positivamente en relación a la actitud contraria, en este caso la lucha por la reciedumbre o por "hacer bien aquello que estoy haciendo". En determinados casos podría formularse en forma negativa, v. gr., "lucha a muerte contra la flojera", o "no al desorden", pero siempre deberá consonar en ello lo positivo que pretendamos alcanzar.

2. El propósito o examen particular

> Es el Espíritu Santo quien, en último término, va guiando sabiamente la realización de nuestro ideal personal.

2.3. La elección del propósito particular

COMO señalamos anteriormente, el P. Kentenich no sólo pone el examen particular en relación al ideal personal, sino también sitúa su elección en directa dependencia de la fe práctica en la divina Providencia. Esto significa que la materia del propósito particular no es deducida en forma lógica.

Como señalamos anteriormente, no se trata de enumerar todas las posibles actitudes que incluye el ideal objetivo de todo cristiano, para luego comenzar a conquistarlas "metódicamente", una tras otra, mediante el propósito o examen particular. Es el Espíritu Santo quien, en último término, va guiando sabiamente la realización de nuestro ideal personal y su "sistema" no es precisamente rígido o puramente lógico, sino que posee la riqueza y variedad de la vida.

Por esto, para elegir el propósito particular nos guiamos por la fe práctica en la divina Providencia, tratando de desentrañar lo que el Dios de la vida nos está señalando a través de las circunstancias (de las "voces del tiempo"); a través de lo que el Espíritu Santo inspira en nuestra alma (de las "voces del alma"), y del ideal objetivo de la vida cristiana (de las "voces del ser").

De esta forma tratamos de captar y responder a aquello que el Señor desea que acentuemos en la lucha por

nuestro ideal de acuerdo a nuestra realidad personal concreta.

Voces del tiempo

Normalmente consultamos primero las *voces del tiempo,* que nos manifiestan la voluntad de Dios a través de los acontecimientos.

> Dios nos hace señas, nos llama la atención y nos requiere a través de los sucesos que nos rodean.

Dios nos hace señas, nos llama la atención y requiere a través de los sucesos que nos rodean. Circunstancias determinadas en el orden personal, en los estudios, en el trabajo, en el orden familiar o nacional, son signos que deben ser interpretados a la luz de la fe práctica en la divina Providencia. Si, por ejemplo, detectamos una situación de especial tensión o incomunicación, tal vez veamos en ello un llamado a cultivar la virtud del acogimiento o, quizá, del orden.

Con el fin de "objetivizarnos", es bueno tomar en cuenta lo que nos piden personas cercanas o bien, las críticas o "correcciones fraternas" que se nos hacen. Las "verdades" que otros nos dicen, a veces nos muestran con mayor claridad lo que realmente necesitamos desarrollar o superar.

Las voces del alma

Las voces del alma expresan las insinuaciones de la gracia en nuestro interior. Dios habla en nuestra alma, nos da impulsos hacia el bien y hace surgir en nosotros de-

Las voces del alma expresan las insinuaciones de la gracia en nuestro interior.

terminadas inquietudes. En la medida que cultivemos la meditación y la oración, se agudiza nuestro oído para discernir su voz y poder distinguirla de otros ecos que también se escuchan en nuestra alma, como puede ser, por ejemplo, la voz de los instintos desordenados o de las "ganas". Así, por ejemplo, alguien puede percibir reiteradamente en su interior la necesidad de profundizar su vida de oración. Si Dios no le "ha dicho" algo más claro a través de las voces del tiempo, esta voz del alma lo llevará a definir su propósito particular en torno a la conquista de una actitud de oración más profunda en su vida cotidiana.

Voces del ser

Por *voces del ser* entendemos el orden del ideal objetivo del cristiano. Es norma de nuestro actuar la Palabra de Dios revelada, la doctrina de la Iglesia, la ley natural. Este orden de ser, referido a aquello que debemos ser, lo hemos concretado en el ideal personal. De éste se deducen actitudes o virtudes que necesitamos cultivar o defectos que debemos superar. Por eso, cuando no encontramos una respuesta más clara en las voces del tiempo o del alma, entonces, nos referimos a nuestro deber ser objetivo y centramos nuestro propósito en el cultivo de alguna de las virtudes que nos sentimos llamados a cultivar especialmente por nuestro ideal personal.

> Tenemos que estar convencidos de que vale la pena luchar por la actitud que nos proponemos conquistar, pues es lo que el Señor nos pide y porque con ello enriquecemos nuestra personalidad.

Lo que aquí explicamos en forma analítica, en la vida real es un proceso simple. Normalmente, en la renovación mensual nos ocupamos de determinar o bien confirmar el propósito particular que ya tenemos. La mayoría de las veces será relativamente fácil discernir cuál debe ser su objetivo. Una mirada a las circunstancias, el conocimiento de nuestro carácter y el impulso espontáneo de la gracia en nosotros, nos darán la claridad necesaria para ver en qué frente quiere Dios que luchemos con especial ahínco.

Por eso, es de gran importancia que la elección del propósito particular esté acompañada de la reflexión y de la meditación. Tenemos que estar vitalmente convencidos de que vale la pena luchar por la actitud que nos proponemos conquistar, pues es lo que el Señor nos pide y porque con ello estamos enriqueciendo nuestra personalidad, dándole una mayor plenitud, cumpliendo con nuestra responsabilidad personal y social.

El trabajo de autoformación que emprendemos con el examen particular elegido, tiene una duración a largo alcance: meses o, incluso, años. Una virtud no se conquista en uno o dos meses. Adquirir, por ejemplo, el hábito del orden o la virtud del acogimiento, no es cosa fácil. (Luego nos referiremos a la ayuda de posibles concreciones del examen particular).

2. El propósito o examen particular

> Si hemos elegido un determinado examen particular como frente de lucha en la conquista del ideal personal, primero es preciso saturarlo de valor.

2.4. Las renovaciones del propósito particular

EN el trabajo de autoformación que nos presenta el examen particular **revisten especial importancia las renovaciones que hacemos de éste durante el día.**

Si hemos elegido un determinado examen particular como frente de luc ha en la conquista del ideal personal, primero es preciso saturarlo de valor. Por ejemplo, si hemos elegido cultivar la virtud del servicio, es preciso internalizar el valor que ésta tiene para nosotros; descubrir lo valioso que es para nosotros, como personas y apóstoles, adquirir este hábito.

Para lograr esto necesitamos hacer algunas meditaciones al respecto; descubrir lo que la sagrada escritura nos enseña al respecto; ver cómo otras personas o santos la han encarnado; meditar sobre los efectos positivos que tendrá su cultivo para nuestra persona y para nuestras relaciones familiares o laborales, etc. En otras palabras, el examen particular debe estar "saturado de valor" para nosotros.

Supuesta esta valoración, tienen sentido y eficacia las renovaciones periódicas del mismo (que van unidas a la renovación del ideal personal). Ellas nos permiten mantener viva la motivación que inspira nuestro esfuerzo por

> Las renovaciones periódicas del propósito particular nos permiten mantener viva la motivación que inspira nuestro esfuerzo por la santidad.

la santidad y nos mantienen alerta a las concreciones o aplicaciones de ésta en nuestro día de trabajo.

Recordemos, en este contexto, que poseemos una formulación o lema del ideal personal y un símbolo del mismo y que acostumbramos a rezar nuestra oración del ideal personal. Si hemos elegido el examen particular en unión al ideal personal, entonces será natural que ambas renovaciones coincidan. Incluso, en algunos caso, puede ser conveniente agregar una pequeña frase al lema u oración en este sentido. Por ejemplo, si alguien tiene como lema del ideal personal "Luz del mundo", puede agregar "a través del servicio", si está luchando por conquistar esa virtud.

Normalmente se dan tres renovaciones programadas del examen particular: en la mañana, a medio día y en la noche. Una de ellas es más extensa (en general la que se realiza en la mañana o en la noche). Siempre se trata en ellas de traer nuevamente al corazón el sentido de nuestra lucha por la santidad, iluminada por el ideal personal y concretada en el propósito personal. Más que un examen de conciencia respecto a lo que hemos hecho bien o mal, lo importante es volver a impregnarnos del valor de lo que aspiramos alcanzar. Mirar el símbolo de nuestro ideal, repetir lentamente nuestro lema, rezar la oración personal, son ayudas que facilitan la concentración y que permiten llegar a tener pequeños encuentros vivificantes con la Santísi-

ma Virgen y con el Señor. De ellos sacamos las fuerzas para continuar el camino. Así, en forma sencilla y breve, miramos las horas transcurridas y lo que tenemos por delante, y nos proponemos nuevamente luchar por nuestro propósito, traduciendo en obras durante el día la virtud por la cual luchamos.

Además de meditar la relación interna entre el ideal personal y el propósito elegido, unimos las renovaciones del propósito particular con la renovación del ideal personal. Podemos agregar, en este sentido, a la oración del ideal personal alguna frase en la cual hagamos referencia al propósito y pidamos al Señor y a María las gracias para realizarlo. Así mantendremos presente la unión entre el propósito o examen particular y el ideal personal.

> Además de meditar la relación interna entre el ideal personal y el propósito elegido, unimos las renovaciones del propósito particular con la renovación del ideal personal.

2 El propósito o examen particular

> Una actitud se logra por la repetición de actos que están llenos de valor, que poseen una clara motivación.

2.5. La ayuda de una concreción

EN general, **para facilitar la conquista del propósito particular, es aconsejable** *concretarla y asegurarla en una acción determinada, poniendo todo el empeño en realizar esa acción en forma ejemplar.*

Si el objeto del propósito particular se centra en conseguir el espíritu de oración, es bueno agregar, por ejemplo, "para ello voy a realizar en la mejor forma posible las oraciones de la mañana y de la noche". Si queremos ser más recios, concretaremos y aseguraremos nuestro esfuerzo diciendo, por ejemplo, "y para lograr mi meta me propongo levantarme cada mañana a la hora exacta". *Una actitud se logra por la repetición de actos que están llenos de valor,* que poseen una clara motivación; entonces, la continua sucesión de gotas de agua es capaz de horadar la piedra. Esta "concreción" puntual (que puede tener una duración de quince días o un mes), no quita nada al hecho que tratemos de vivir durante todo el día la actitud que queremos conquistar, pues precisamente esta acción concreta quiere ser expresión, garantía y camino para conquistar dicha actitud.

Cuando el propósito particular busca la superación de un defecto, es más fácil determinar y controlar esas concreciones. Tratándose de propósitos que positivamente

miran al crecimiento y perfección de una virtud, puede resultar más difícil. En todo caso, el seguro concreto del propósito particular son las mismas renovaciones periódicas y el control por escrito de las mismas.

2 El propósito o examen particular

> Si el acto o esfuerzo que realizamos, a pesar de estar motivado, es sólo esporádico, no alcanza a calar hondo en nuestra alma y no nos "acostumbramos" a actuar bien.

2.6. La duración del propósito particular

EL propósito o examen particular debe mantenerse por un tiempo prolongado. La autoformación apunta a que logremos actuar espontáneamente según el ideal, es decir, que el ideal y las actitudes que éste implica actúen "funcionalmente". Aspiramos a que sea espontáneo y natural para nosotros reaccionar y tomar iniciativas de acuerdo al ideal. Ahora bien, para conquistar un hábito o virtud, se requiere una prolongada repetición de actos saturados de valor. Una repetición mecánica de actos, esto es, desligada del ideal, no crea verdaderas actitudes, sino formas que luego se dejan y son reemplazadas por otras cuando cambian las circunstancias.

Por otra parte, si el acto o esfuerzo que realizamos, a pesar de estar motivado, es sólo esporádico, no alcanza a calar hondo en nuestra alma y, por lo tanto, no deja una huella, no nos "acostumbramos" a actuar bien.

Por eso, cuando decidimos dar una batalla por conquistar una actitud, entonces debemos disponernos a mantener una lucha prolongada. Un cambio apresurado de propósito dejaría inconcluso nuestro esfuerzo y lo haría infecundo. De ahí que es aconsejable mante-

ner la línea central del propósito al menos varios meses, incluso por años.

3 El horario espiritual

> El horario espiritual lo requieren especialmente aquellos que militan en una Iglesia de diáspora, donde sólo existe un cristianismo: el que nace de las convicciones.

3.1. Importancia del horario espiritual

EL tren de vida que hoy llevamos es extraordinariamente acelerado. Continuamente nos quejamos de falta de tiempo; sufrimos el acoso de una cantidad de tareas que no alcanzamos realizar y la presión del trabajo en el cual cada día se nos exige más y más. No es raro entonces que el stress se apodere de nosotros. Nos dispersamos interiormente en el afán de solucionar las cosas urgentes y dejamos de lado, o para más tarde, las más importantes.

El resultado es que perdemos el norte, llevamos una vida dispersa y nuestros vínculos personales pasan a pérdida. Terminamos literalmente succionados por el ambiente materialista que nos rodea.

Esto explica en gran parte por qué el cultivo de nuestra vida espiritual es relegado a segundo o tercer plano. Como "no es tan urgente" y "no tenemos tiempo", vamos dejando de lado las prácticas espirituales y así, poco a poco, casi sin darnos cuenta, se enfría nuestra vida de fe; ya no sentimos el impulso apostólico que sentíamos antes; dejamos de asistir a misa y ya ni siquiera recordamos cuándo fue la última vez que nos confesamos... Y, lo que es peor, se apodera de nuestra

alma una enfermedad difícil de curar: la mediocridad o tibieza espiritual.

Tal vez comprendamos mejor, en este contexto, por qué Schoenstatt da tanta importancia a los medios ascéticos y, particularmente, al horario espiritual.

<blockquote>El horario espiritual es un medio de autoformación que nos asegura el alimento necesario para no caer en el raquitismo espiritual.</blockquote>

El horario espiritual es un medio de autoformación que se orienta precisamente a que podamos llevar una vida más armónica y "orgánica", que nos asegure contar con el alimento necesario para no caer en el raquitismo espiritual, dejando de lado "lo único necesario".

El término "horario espiritual" podría inducir a error respecto a su contenido, ya que no se trata de un "horario" en el sentido común de la palabra, pues no determina los actos que se suceden hora a hora durante el día; ni es tampoco "espiritual" en cuanto no se refiere sólo a prácticas religiosas. Es espiritual en el sentido que asegura el desarrollo en nosotros del "hombre espiritual", es decir, guiado por el Espíritu del Señor. El nombre "horario espiritual", lo tomó el P. Kentenich de la tradición ascética de la Iglesia, pero, como en casos semejantes, le dio un sentido y un contenido propios.

Quien vive en un convento o está protegido por una atmósfera cristiana, no requiere especialmente la ayuda de un horario espiritual. **El horario espiritual es necesario sobre todo para el laico que vive en medio del mundo,** en el torbellino de la vida moderna, rodeado

> El horario espiritual lo requieren especialmente aquellos que militan en una Iglesia de diáspora, donde sólo existe un cristianismo: el que nace de las convicciones.

por una atmósfera donde la palabra "Dios" ha perdido su significación real y donde todo lo invade un sistema de vida materialista. El horario espiritual lo requieren especialmente aquellos que militan en una Iglesia de diáspora, donde no resiste un cristianismo de costumbre sino sólo aquel que nace de convicciones. Es preciso que cada uno sepa crear las formas de vida cristiana que expresen y aseguren, durante el día, su adhesión al Evangelio y le ayuden a establecer y mantener contacto permanente con las fuentes de la vitalidad cristiana. De este modo, no será arrastrado por la masificación y el activismo reinante.

3 El horario espiritual

> Por el horario espiritual aseguramos el desarrollo del ideal personal en nuestra relación con Dios, con los hermanos, con el trabajo y con nosotros mismos.

3.2. Contenido del horario espiritual

TODA persona, para desarrollarse y conservar su salud y energía físicas, necesariamente debe alimentarse tomando sus comidas en determinadas horas del día. Ahora bien, nuestro hombre interior también necesita alimentarse. Si no lo hace, pronto se debilitará y quedará expuesto a todo tipo de contagios.

Por el horario espiritual nos aseguramos el alimento necesario, de modo que podamos fortalecernos de día en día y seamos capaces de resistir los embates de las fuerzas que nos apartan del contacto con el Dios vivo y que nos dispersan interiormente.

Por el horario espiritual aseguramos el desarrollo del ideal personal en sus dimensiones básicas: nuestra relación con Dios, con los hermanos, con el trabajo y con nosotros mismos, "rescatando" así el día de trabajo para Dios y poniéndonos en el camino de un crecimiento armónico de nuestra personalidad. A diferencia del propósito particular, por medio del cual cultivamos una actitud determinada durante todo el día, **el horario espiritual contempla puntos concretos, claramente determinados, como, por ejemplo, la oración de la mañana o la hora de levantada.**

> Cada persona es original y debe llegar a expresarse en formas o prácticas que fortifiquen verdaderamente su espíritu.

Pasará tiempo y se requerirá experiencia hasta poder determinar definitivamente cuáles son las prácticas (los "alimentos" que más nos convienen), que aseguran nuestra vida espiritual (tres o cuatro puntos). Cada persona es original y debe llegar a expresarse en formas o prácticas que fortifiquen verdaderamente su espíritu. Después de algunos años de autoformación, cada uno llega a saber cuáles son las principales fuentes de su vitalidad, cuáles las prácticas que no debe omitir, so pena de descender considerablemente en su vida espiritual; conocerá también qué medios son los más útiles para superar los lados débiles de su carácter.

Pero antes de llegar a este punto de nuestro desarrollo, tenemos que recorrer el camino común, asegurando, por el horario espiritual, las prácticas que normalmente son necesarias para mantener altura y alimentar nuestra vida espiritual, guardando nuestra "organicidad" en el medio ambiente.

La misma Iglesia, en este sentido, nos entrega un "horario espiritual básico". No sólo recomienda que asistamos a la eucaristía o que recurramos al sacramento de la reconciliación. Es mucho más concreta: cada bautizado debe asistir a misa todos los domingos y fiestas de guardar y confesarse al menos una vez al año o cuando está en peligro de muerte.

3 El horario espiritual

El horario espiritual debe contemplar acciones concretas y con hora fija, evitando la vaguedad e indefinición.

3.3. Cómo determinar el contenido del horario espiritual

¿QUÉ puntos debiera comprender un "horario espiritual básico" para un cristiano comprometido? Más allá de la eucaristía dominical, pensamos que al menos debiese contemplar una oración diaria (unos 5 o 10 minutos donde se revise el día, se dé gracias al Señor, se le pida perdón por las faltas y se renueve el ideal personal y examen particular). Es importante también, junto a la oración, el alimento que recibimos por medio de la lectura del evangelio o de un libro de espiritualidad. Por ejemplo, leer unos versículos del evangelio cada día. También es conveniente tener alguna práctica que signifique para nosotros ejercitar la disciplina o el orden, la renuncia o, positivamente, el espíritu de sacrificio, por ejemplo, la levantada a hora fija o hacer 10 minutos de gimnasia.

Se trata, como puede verse, de cosas concretas, normalmente con hora fija, ya que, de otro modo, la vaguedad e indefinición hace que se nos pasen de largo y no las cumplamos.

Al inicio es aconsejable tener pocos puntos en el horario espiritual, para asegurarlos y conquistarlos uno por uno, valorizándolos a la luz del ideal y comprobando su efectividad. En la medida que nos sirvan, los manten-

dremos, de lo contrario, cuando realicemos nuestra revisión mensual, buscaremos otros más adecuados. Con el tiempo, llegaremos a un horario espiritual o programa de vida en el cual sintamos verdaderamente expresada y asegurada nuestra "infraestructura espiritual".

El horario espiritual puede contemplar prácticas diarias, semanales o mensuales. Así, por ejemplo, un schoenstattiano que vive relativamente cerca de un santuario, normalmente asegurará una visita semanal a éste.

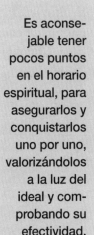

> Es aconsejable tener pocos puntos en el horario espiritual, para asegurarlos y conquistarlos uno por uno, valorizándolos a la luz del ideal y comprobando su efectividad.

En la medida que las circunstancias en las cuales se desarrolla nuestra vida son estables, el horario espiritual tiende también a permanecer invariable. Cuando éstas cambian, es preciso modificar algunos puntos. **Esto ocurre, por ejemplo, cuando pasamos del estudio o del trabajo a las vacaciones o cuando emprendemos un viaje más prolongado.**

Podemos ir conquistando estos puntos progresivamente. Luego, de acuerdo a nuestro autoconocimiento, podemos agregar otros puntos según nuestras necesidades. Con el tiempo, también llegaremos a detectar cuál de todas estas formas personales de vida posee para nosotros una importancia primordial. Normalmente cada persona tendrá uno o dos puntos de los cuales depende decisivamente su vida espiritual. Es distinto en cada caso: para alguien puede ser la eucaristía diaria,

> Si somos fieles a nuestro horario espiritual nuestro idealismo se mantiene en alto y nuestra unión con Dios se intensifica.

para otro, la levantada a hora fija o el rezo del rosario, fijar determinadas horas diarias de sueño, la confesión regular, etc.

La experiencia nos indicará que, si somos fieles a esos puntos, nuestro idealismo se mantiene en alto, nuestra unión con Dios se intensifica y nuestra entrega se hace más magnánima. Tendremos entonces especial cuidado en mantener siempre esta práctica como "seguro" o "punto de selección" de nuestra vida espiritual y raíz de nuestro compromiso apostólico.

3. El horario espiritual

> Es preciso estar siempre alertas, vigilantes y ser suficientemente prudentes, usando el horario espiritual, medio que parece insignificante, pero que, en la práctica, resulta importantísimo.

3.4. Control por escrito del horario espiritual

EL control por escrito del horario espiritual y del propósito particular, tiene un fundamento muy simple: si no lo hacemos, al cabo de una o dos semanas ya **habremos olvidado nuestros buenos propósitos.** Por otra parte, **tenemos que contar con los cambios de estado de ánimo** a los cuales todos estamos sometidos: cuando se acaba el entusiasmo, se tiende fácilmente a abandonar todo.

No debemos menospreciar el peso y las heridas que dejan en nuestra alma el pecado original y nuestras propias caídas… No presumamos que somos una excepción, que no nos olvidaremos ni nos dejaremos llevar por las "ganas". La experiencia nos convencerá de lo contrario. Las heridas del pecado original se harán sentir hasta el término de nuestra vida. Por eso, es preciso estar siempre alertas, vigilantes y ser suficientemente prudentes, usando el horario espiritual, que parece un medio insignificante, pero que, en la práctica, resulta importantísimo. En realidad no es fácil mantener siempre el control por escrito y, muchas veces, estaremos tentados de dejarlo de lado, pero es necesario hacer el esfuerzo y mantenerlo aunque nos cueste.

Tampoco pensemos que, cuando ya hemos adquirido el hábito de realizar cierta práctica espiritual, podemos

> Las anotaciones en el horario espiritual indican si algo no funciona o está fallando en nuestra vida espiritual.

dejar de controlar por escrito el horario espiritual. No es raro constatar que cosas que nos sirvieron mucho y que en otro tiempo las cumplíamos regularmente, de pronto, las fuimos dejando de lado... Las anotaciones nos proporcionan una especie de estadística o radiografía. Podríamos comparar esto con las luces que señalan en el tablero del auto si algo funciona bien o está fallando. Si en un mes los signos indican que hemos dejado algo prácticamente de lado, entonces es necesario hacer una revisión. Se podría hacer también una comparación a partir del ámbito médico. Enfermos que requieran diversos medicamentos poseen estuches donde se controla el día y la hora de lo que deben tomar. Toda comparación cojea pero, al menos, ilustra en algo lo que se pretende.

Normalmente el horario espiritual se controla todas las noches, cuando hacemos la revisión del día. Eventualmente, para alguien podría ser más adecuado hacerlo en la mañana. Para facilitar el control por escrito, se puede organizar el horario espiritual según el modelo que ofrecemos a continuación. Para hacer más clara la diferencia entre examen particular y horario espiritual, cada hoja trae en el anverso el horario espiritual y en el reverso el control del examen particular.

HORARIO ESPIRITUAL

El ideal para el cual tu amor nos creó (IP)
esté presente ante nuestros ojos
y plasme íntegra nuestra vida;
por él lucharemos con todas las fuerzas (EP)

(P. K., *Hacia el Padre, n. 11*)

Anverso

HORARIO ESPIRITUAL CONTRIBUCIONES AL CAPITAL DE GRACIAS											POR ELLOS ME SANTIFICO (Jn 17,19)																				
MES	1	2	3	4	5	6	7	8	9	10	11	12	13	14	15	16	17	18	19	20	21	22	23	24	25	26	27	28	29	30	31
ORAC. LEVANTAR	✓	✓	✗	✓	✓	✓	✗	✓	✓	✓	✓																				
ORAC. NOCHE	✓	✓	✗	✓	✓	✓	✗	✓	✓	✗	✓	✓																			
LECT. EVANGELIO	✗	✓	✓	✓	✓	✓	✓	✗	✗	✓	✓																				
RENUNCIA	✓	✓	✓	✗	✓	✓	✓	✓	✓	✓	✓	✓																			

SEMANAL					MENSUAL				COMPROMISO GRUPAL / MATRIMONIAL		
Visita al Santuario	✓	✓			Renov. Mensual	✓			Reunión		
Diálogo de Pareja	✗	✓			Confesión	✓					

Reverso

PROPOSITO PARTICULAR									Actitud que quiero conquistar: SERVICIALIDAD																						
MES	1	2	3	4	5	6	7	8	9	10	11	12	13	14	15	16	17	18	19	20	21	22	23	24	25	26	27	28	29	30	31
Renov. Mañana	✓	✓	✗	✓	✓	✓	✗	✓	✓	✓	✓																				
Renov. Mediodía	✓	✓	✓	✗	✓	✓	✗	✓	✓	✗	✓	✓																			
Revisión Noche	✗	✓	✓	✓	✓	✓	✓	✗	✗	✓	✓	✗																			
(concreción)	✓	✓	✗	✓	✓	✓	✓	✓	✓	✓	✓	✓																			

Karl Leisner
(1915 - 1945)

"Mi pasión es Cristo"

4 El sacramento de la reconciliación

> **Arrepentirnos de lo que hemos pecado, por omisión o por hechos concretos, significa volvernos filialmente al Dios de misericordia y retomar nuestros ideales y propósitos.**

Reconciliación y "cuenta mensual"

NUESTRA vida espiritual está supeditada a la recepción de los sacramentos. Así como la Iglesia asegura que los fieles acudan a la celebración del sacramento de la eucaristía los domingos y fiestas de precepto y a confesarse al menos una vez al año, se entiende que también Schoenstatt recomiende, a quienes se sientan llamados a vivir un cristianismo de mayor compromiso apostólico, que tengan un confesor estable y acudan regularmente a recibir el sacramento de la reconciliación (cada uno o dos meses).

El motivo para ello, más allá de lo que significa en sí mismo recibir el perdón sacramental de nuestros pecados, es que una vida espiritual más profunda nos lleva a descubrir también con mayor hondura las faltas y pecados que cometemos. Ello mismo nos mueve a acercarnos más al Señor para pedirle perdón y recibir su gracia a fin de continuar nuestro camino de santificación. Arrepentirnos de lo que hemos pecado, por omisión o por hechos concretos, significa volvernos filialmente al Dios de misericordia y retomar nuestros ideales y propósitos.

Muchos se quejan de que "no saben de qué confesarse" o bien, que siempre se confiesan "de lo mismo". Es posible que ello se deba justamente a que no han asu-

> El P. Kentenich distingue la "culpa ascética" y la "culpa moral". La primera se refiere a aquello que, sin ser un pecado grave, no corresponde al ideal.

mido un camino de autoformación eficaz. Entonces la delicadeza de conciencia está aletargada y sólo es capaz de percibir los pecados graves, pero no los pecados leves o faltas de delicadeza con Dios. El P. Kentenich distingue en este sentido la "culpa ascética" y la "culpa moral". La primera se refiere precisamente a aquello que, sin ser un pecado grave, no corresponde al ideal, al comportamiento de alguien que se sabe regalado en forma especial por Dios y que está llamado a cultivar una relación de amistad más estrecha con él.

Si realizamos la oración o revisión del día diariamente, si trabajamos con la ayuda del examen particular y del horario espiritual, si hacemos la revisión o retiro mensual, entonces no nos faltará "materia" para nuestra confesión. Nuestras anotaciones en el cuaderno personal pueden ser una buena "ayudamemoria" para ello. En la renovación mensual, hacemos un "balance" del mes y nos preguntamos por los regalos de Dios que hemos recibido y también por nuestras faltas o caídas. Examinamos especialmente la lucha por nuestro propósito particular y el cumplimiento de nuestro horario espiritual.

Al realizar la revisión mensual, normalmente tendremos claridad de qué tenemos que pedir perdón al Señor. Además de ello, podemos servirnos de un cuestionario o examen de conciencia que hayamos preparado

anteriormente. Muchos se valen, para prepararse a la confesión, de los 10 mandamientos y se examinan de acuerdo a éstos.

Si estamos, sin embargo, en un camino de autoformación como el que Schoenstatt ofrece, es aconsejable elaborar nuestro propio decálogo. Es decir, podemos confeccionar un "cuestionario" sobre la base del ideal personal y de lo que éste nos señala.

Desarrollamos entonces los diversos elementos integrantes y los detallamos en forma de preguntas. Por ejemplo, si alguien tiene como ideal personal ser "todo para todos" (como formuló su ideal José Engling), y ve en ese ideal como elementos centrales la servicialidad, la actitud instrumental y el espíritu de sacrificio, entonces podría desglosarse cada aspecto del siguiente modo:

1. Servicialidad:

Atender a las necesidades de los demás: ¿Estuve alerta para ayudar en mi casa? ¿Me adelanté a cumplir los deseos que los otros manifestaban? ¿He superado la pereza? ¿He servido a las personas que no me resultaban simpáticas?, etc.

2. Actitud instrumental:

Servir en dependencia de María: ¿Cómo estuvo mi vinculación a María? ¿Hice la meditación? ¿Le ofrecí pequeños sacrificios?, etc.

> Si estamos en un camino de autoformación como el que Schoenstatt ofrece, es aconsejable elaborar nuestro propio decálogo.

Un "espejo del ideal personal" o "espejo de perfección" nos ayuda a "aterrizar" el ideal personal, nos sirve de guía para el retiro mensual y para la confesión sacramental.

3. Espíritu de sacrificio:

Cultivo del desprendimiento y reciedumbre personal: ¿Me dejé llevar por la comodidad? ¿Hice bien lo que tenía que hacer: trabajo, estudio, etc.?

Y, así, sucesivamente, se podrían ampliar estos puntos o agregar otros.

Puede ser que otros prefieran elaborar **un examen de conciencia abordando la vinculación a Dios, al prójimo, al trabajo y a sí mismo.**

En esta forma, se puede desarrollar el ideal personal de modo muy completo. Este **"espejo del ideal personal"** o **"espejo de perfección"**, como lo denomina el P. Kentenich, nos ayuda a "aterrizar" el ideal y sirve de guía para nuestro retiro mensual y la preparación de la confesión sacramental.

Al examinarnos no es necesario, por cierto, detenerse en cada aspecto particular. Después de un examen más general, podemos profundizar algún aspecto particular, de acuerdo a lo que Dios nos indica por las circunstancias o por las voces del alma.

Por otra parte, Schoenstatt pide a los miembros de la Liga Apostólica (militantes) y a los miembros de la Federaciones e Institutos, que se dé una **"cuenta mensual"** al confesor o una persona cualificada, sobre si se ha llevado

> El sentido de la "cuenta mensual", es la ayuda que presta el tener que dar cuenta a otra persona de nuestro esfuerzo concreto.

el examen particular y el horario espiritual. El sentido de esta cuenta es la ayuda que presta el tener que informar a otra persona de nuestro esfuerzo concreto. Es un incentivo y seguro para nuestro autocontrol. Cuando esta cuenta mensual se da ante el confesor regular, por cierto será más explícita en relación a su contenido. Si la cuenta mensual no se puede dar personalmente, se acostumbra hacerla por escrito, en forma breve.

Joao Luiz Pozzobon
(1904 - 1985)

"Héroe hoy, no mañana"

Tercera Parte:

Medios complementarios de autoformación

Schoenstatt nos proporciona otros medios complementarios de autoformación:

- Revisión del día, meditación de la vida y cuaderno personal
- Renovación espiritual mensual
- Dirección espiritual

Mario Hiriart
(1931 - 1964)

"Como María,
cáliz vivo portador de Cristo"

1 Revisión diaria

Revisión del día, meditación de la vida y cuaderno personal

Junto con la formulación del ideal personal, el propósito particular, el horario espiritual y la confesión regular, el sistema de autoformación schoensttiano nos proporciona otros medios complementarios que han probado ser especialmente adecuados y eficaces. Estos son: la revisión del día, meditación de la vida y cuaderno personal; la renovación mensual y la dirección espiritual. Nos referiremos brevemente a cada uno de ellos.

1.1. La revisión del día

La vida espiritual posee un cierto ritmo, diario, semanal, mensual y anual. Este ritmo está marcado por las renovaciones y revisiones del día, las cuales tienen una importancia decisiva en nuestra autoformación. Junto a esas "pausas creadoras", repartidas a lo largo del día, es conveniente, ya sea al comenzar el día o al terminar la jornada, recapitular lo que hemos vivido durante el día pasado. **Es por eso que dedicamos un tiempo suficiente a una *revisión* del día a la luz de la fe práctica en la divina Providencia.** Normalmente esta revisión del día constituye uno de los puntos de nuestro horario espiritual.

> El sentido de la revisión del día es volver a encontrarnos con el Dios de nuestra alianza.

El sentido de esta revisión del día es volver a encontrarnos con el Dios de nuestra vida, con Aquel que nos ha llamado a una alianza de amor personal y que ha estado constantemente junto a nosotros. No interesa tanto en ella un análisis sistemático o cuantitativo de todo lo que ha sucedido a lo largo del día, sino el diálogo personal y afectuoso con Dios. Lo que pueda haber de "examen", es sólo una ayuda para llegar a lo más importante: la relación y el diálogo íntimo con Dios.

Para realizar esta revisión podemos valernos de las siguientes preguntas:

1. En relación a hechos positivos: ¿Cuáles fueron los principales regalos que he recibido hoy del Señor y de María? ¿Qué debo agradecer especialmente? ¿Cuáles fueron los mensajes o las insinuaciones más claras del Señor?

2. En relación a hechos negativos: ¿Qué actitud, acción u omisión mía entristeció al Señor? ¿Cómo puedo interpretar tal cruz o tal debilidad, a la luz del amor de Dios?

   Una vez terminada la revisión general del día, pasamos a revisar el propósito particular. Este es el momento de compenetrarnos nuevamente de su contenido y de su motivación.

Estamos luchando por una actitud determinada. Entonces nos preguntamos si estuvimos alertas, cómo la

> Lo que importa en la revisión del día es el diálogo personal y afectuoso con Dios.

hemos realizado, qué logros y qué dificultades se han presentado; cuáles han sido los regalos recibidos y cuáles nuestras fallas.

Después de revisar el propósito particular, controlamos el cumplimiento del horario espiritual. Lo efectuaremos con calma y no simplemente anotando algunos signos en forma superficial.

1.2. La meditación de la vida

En unión a esta revisión del día y en la misma dirección, está el método de meditación que recomienda en forma especial el fundador de Schoenstatt: la **"meditación de la vida"**.

El Señor nos hace señales, nos invita, nos advierte, nos muestra sus planes a través de lo que acontece a nuestro alrededor. Por eso, en el silencio, recordamos y tratamos de descubrir, en la fe, el paso de Dios por nuestra vida cotidiana.

Esta "meditación de la vida", es el método de meditación original que propone el P. Kentenich especialmente para aquellos que buscan vivir la santidad en medio del mundo. No es simplemente un "examen de conciencia". Su finalidad primaria no consiste en examinar si nuestras acciones fueron buenas o malas, desde un punto de vista puramente moral. Tampoco se trata de

> En la meditación de la vida escudriñamos, con fe y con amor el mensaje del Dios de la vida a través de los acontecimientos y vivencias que hemos tenido.

un mero análisis reflexivo. En la meditación de la vida escudriñamos, con fe y con amor, *el mensaje del Dios de la vida* a través de los acontecimientos y vivencias que hemos tenido, reavivando así nuestro diálogo filial con él.

Generalmente, en el transcurso del día o de la semana, surge uno u otro suceso que nos toca de modo especial: un encuentro con alguien, un fracaso, un problema que nos cuesta enfrentar, una alegría, etc. En ese acontecimiento, buscamos descubrir el llamado del Señor, mirándolo con la hondura de la fe, y le respondemos entonces, manifestándole, según el caso, nuestra gratitud, alabando su bondad, abandonándonos nuevamente en sus manos o pidiendo perdón por aquello en que lo hemos ofendido.

No es necesario hacer una enumeración de todos los hechos posibles. Lo que importa es la profundidad y no la cantidad. Por eso, elegimos un solo punto y nos quedamos en él, "gustándolo". Podemos ayudarnos con las siguientes preguntas:

- **¿Qué me dice Dios con esto?** (¿Cuál es su mensaje? ¿Sobré qué me está él llamando la atención?)
- **¿Qué me digo yo a mí mismo?** (¿Cuál ha sido mi actitud, comportamiento, etc. al respecto? ¿En qué me interpela el hecho que estoy meditando?)

– ¿Qué le respondo a Dios a partir de este hecho? (Converso con el Señor, le abro mi alma con gratitud, entrega, petición, etc.)

1.3. El cuaderno personal

A muchas personas les resulta más fácil hacer la revisión del día y la meditación de la vida con la ayuda de un *cuaderno de apuntes personales.*

Sobre todo al inicio o durante ciertos períodos de sequedad interior, éste puede ser especialmente útil. El cuaderno de apuntes no es un "diario de vida" en el cual se registran todas las cosas del día. Es más bien una ayuda para nuestra meditación o para dejar constancia de ciertos hechos, que tienen especial importancia para nuestro desarrollo espiritual, y que luego volveremos a revisar en la renovación mensual.

En el cuaderno personal van quedando escritas nuestras meditaciones sobre el ideal personal y nuestras renovaciones mensuales. Así podremos contar con un instrumento valioso para nuestros retiros anuales, a fin de descubrir con mayor claridad la historia de amor que Dios quiere tejer en nuestra vida, evitando que muchos hechos caigan en el olvido.

> El cuaderno de apuntes no es un "diario de vida". Es más una ayuda para nuestra meditación o para dejar constancia de los hechos que tienen especial importancia para nuestro desarrollo espiritual.

Bárbara Kast
(1959 - 1968)

"Tabernáculo de Dios,
portador de Cristo
y de Schoenstatt a los hombres"

2 Renovación espiritual mensual

Al renovar nuestra vida de alianza a la luz de nuestro ideal personal, nos volvemos a decidir por el Señor.

NUESTRO sistema de renovaciones es una respuesta al llamado del Señor a estar alertas y vigilantes. El nos previene a fin de que no nos durmamos, pues nuestros ojos tienden a cargarse de sueño. Al renovar la alianza de amor a la luz de nuestro ideal personal, nos volvemos a decidir por el Señor, retomamos el rumbo que nos habíamos fijado y nos ponemos otra vez en marcha. Cada renovación constituye una profundización de la alianza. La alianza es vida, siempre es novedad y crece en la vida. Dios nos requiere por las nuevas circunstancias, nos plantea ante decisiones y nos enriquece constantemente con sus gracias. Toda esta realidad es asumida por la renovación espiritual mensual.

Es necesario hacer un alto en el camino y darnos tiempo para un diálogo más profundo con el Señor y con María. Cualquier amistad humana lo requiere. Si los esposos no se dejasen tiempo para dialogar personalmente, decaería necesariamente su amor. Muchas veces es un hecho que pecamos de superficialidad, nos desanima la opacidad de lo cotidiano y perdemos la sensibilidad para lo "único necesario". Entonces, la relación de amor termina enfriándose y perdiéndose. Por eso, una vez al mes, nos reservamos un tiempo más largo y tranquilo para conversar con el Señor y la Santísima Virgen.

De modo semejante a la revisión del día, en la renovación espiritual nos preguntamos cuáles han sido los acontecimientos más significativos durante el mes pasado.

Ojalá podamos hacer esta renovación (pensamos en dos o tres horas dedicadas a nosotros mismos y a Dios) *junto al santuario*. Es importante destinar *un día fijo* al mes (por ejemplo, los últimos sábados de mes) y una *hora fija*. Si sólo nos proponemos algo "en general", lo más probable es que vayan pasando los meses sin que nos demos cuenta, y entonces nuestra vida espiritual, en lugar de ir fortaleciéndose, irá enfriándose cada vez más. Como ya señalamos, es recomendable que cada uno tenga un *cuaderno personal* donde anote sus pensamientos y propósitos.

2.1. Desarrollo de la renovación

En nuestra renovación mensual procedemos de un modo semejante a la revisión del día. Nos preguntamos cuáles han sido los acontecimientos más significativos durante el mes pasado, sean éstos de carácter positivo o negativo. El cuaderno personal nos puede servir como ayuda memoria

• *Ponerse en presencia de Dios*

Se reza una oración al Espíritu Santo (por ejemplo, en el *Hacia el Padre*. p 217). Se puede también leer un trozo del Evangelio (por ejemplo, *la parábola de los talentos, en Mt 25, 14-34, o bien, el texto de Mt 6, 25-34, sobre la divina Providencia*).

• *Revisión del mes pasado*

Luego de habernos "ambientado", nos disponemos a revisar el mes pasado. Para ello podemos ayudarnos leyendo las anotaciones que hayamos hecho en nuestro cuaderno personal. Se trata de una meditación de más o menos media hora.

Respondemos tres preguntas, pensando en nosotros como persona, si somos casados, como matrimonio y familia, en nuestro trabajo, etc.

Primera pregunta:

¿Qué regalos de Dios recibí el mes pasado?

Segunda pregunta:

¿Qué cosas he hecho (u omitido) durante el mes pasado de las cuales me arrepiento?

Tercera pregunta:

¿Qué ha pasado con mi horario espiritual y examen particular?

A cada una de estas preguntas damos un tiempo suficiente. No es necesario detenerse en hacer una larga lista, sino, más bien, visualizar las cosas más relevantes y "gustarlas" a la luz de la fe práctica en la divina Providencia, conversándolas con el Señor y con la Virgen María.

• *Mirada al mes próximo*

Prevemos lo que normalmente nos aguarda en el mes que comienza, con los acontecimientos más importantes que están por delante, y lo que nos dice el Señor a través de ellos. Tomando en cuenta estas previsiones y el resultado de la revisión del mes recién pasado, estamos en condiciones de programar el mes próximo.

Podemos organizar esta meditación haciéndonos las siguientes preguntas:

Primera pregunta:

¿Me espera algo especial este mes, personalmente, como matrimonio, en el trabajo, etc.?

Segunda pregunta:

De acuerdo a la meditación sobre el mes pasado, ¿qué voces de Dios me parecen especialmente importantes? ¿Qué me está pidiendo acentuar, cambiar?

Tercera pregunta:

¿Cuál será mi examen particular? Si es que tengo una determinada concreción, ¿debo conservarla o tal vez cambiarla? Lo mismo respecto al horario espiritual.

3 La dirección espiritual

El director espiritual es un instrumento en las manos de Dios al servicio de la persona.

La dirección espiritual es una ayuda importantísima para la autoformación. Se hace particularmente necesaria al comienzo de la vida espiritual. La ayuda del director espiritual es como la que presta un tutor al árbol recién plantado.

La expresión "dirección espiritual" es usual en la tradición de la espiritualidad cristiana. Sin embargo, puede inducir a error, porque el director espiritual no "dirige" propiamente a una persona ni le da normas, como podría hacerlo un superior, pues no posee ningún "derecho" sobre la persona. Quizás se le podría denominar mucho más acertadamente, "consejero espiritual". Este oficio lo ejerce normalmente un sacerdote, como algo propio de su carácter de pastor, pero también puede ejercerlo una persona consagrada o un laico con suficiente experiencia y criterio sobrenatural, que tenga especial conocimiento del alma humana y de la espiritualidad.

La misión específica de la dirección o consejería espiritual es ayudar a que la persona se conozca a sí misma y encamine su vida según el plan de Dios. En otras palabras, el director espiritual es un instrumento en las manos de Dios al servicio de una persona, para que ésta pueda encontrar y realizar su ideal personal con más facilidad y seguridad. Su función no es "regir" o "dirigir",

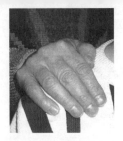  

> La dirección espiritual es una conversación cualificada, orientada específicamente a ayudar a que la persona se conozca a sí misma y encamine su vida según el plan de Dios.

sino escuchar, ayudar a clarificar, insinuar. El director espiritual no presenta soluciones hechas, ni menos aún toma las decisiones. Su papel consiste más bien en estimular la libertad personal. Su mayor experiencia, sus conocimientos, su prudencia y la gracia de estado que Dios le confiere, hacen que su consejo sea calificado y constituya una voz especial de Dios para la persona que libremente acude a él.

La dirección espiritual se lleva a cabo en el fuero interno y en el orden de la confidencia personal. Por eso, su fundamento es la mutua confianza. Esta confianza permite que la persona se abra y, con sencillez y franqueza, plantée sus problemas. De nada serviría una dirección espiritual en la cual se ocultaran algunas cosas o no se las dijera claramente. En este caso, la ayuda y consejo del director espiritual serán ineficaces, pues carece de suficiente información. Aunque, por otra parte, éste deberá "adivinar" muchas veces aquello de lo cual la persona no posee un conocimiento reflexivo o que no logra expresar con palabras.

La dirección espiritual no es una simple conversación de amigos, en la que se comenta tal o cual tema más o menos interesante. Es una conversación cualificada, orientada específicamente al fin señalado.

Normalmente, al inicio, la dirección espiritual se realiza una vez al mes. Más tarde, cuando la persona ad-

El sentido de la dirección espiritual es motivar a que la persona sea independiente y autónoma en sus decisiones.

quiera mayor autonomía, se puede espaciar más. En este sentido no debe perderse de vista que la dirección espiritual es especialmente importante en las primeras etapas de la vida espiritual (dos o tres años). Su sentido es motivar precisamente la autoformación, es decir, que el "dirigido" llegue a "dirigirse a sí mismo" (a autoformarse). **El mayor logro de la dirección espiritual consiste en movilizar y promover la autoformación, a fin de que la persona misma sea capaz de orientar su vida con la ayuda del Espíritu Santo y los medios ascéticos que Schoenstatt le ofrece.** Pasada esta primera etapa, debiese bastar, en la práctica, con la confesión regular y con uno o dos encuentros anuales de dirección espiritual propiamente dicha. El consejo del director espiritual o del confesor será especialmente valioso cuando se trate de decisiones particularmente importantes para la vida futura, en momentos de crisis o de grandes cruces.

Al resumir el "balance" del mes, es costumbre mostrar al director espiritual las anotaciones del horario espiritual y del propósito particular, comunicando a la vez lo que se ha previsto para el mes siguiente. El director espiritual escuchará y sólo hará algunas observaciones o comentarios en la medida que le parezcan necesarios, ya que el sentido de la dirección espiritual, como se dijo, es que la persona sea independiente y autónoma en sus decisiones. El consejo o la insinuación son única-

> Tenemos que presentar al Señor con la confianza filial que él espera de nosotros, nuestros defectos y nuestras caídas.

mente ayudas subsidiarias para que pueda formar mejor su conciencia.

Es recomendable que la dirección espiritual esté unida con la confesión sacramental. De este modo, la vida espiritual adquiere una profundidad mucho mayor. No basta con que reconozcamos nuestros defectos y nuestras caídas. Tenemos que presentárselos al Señor con la confianza filial que él espera de nosotros. Así podremos también experimentar su bondad y su misericordia en forma personal y superar las heridas que deja en nosotros la experiencia siempre renovada de nuestra miseria. La confesión sacramental, vista en este contexto, hace que nuestros propósitos no sean solamente decisiones de nuestra voluntad, sino que expresen el anhelo de ser fieles a la alianza de amor y a la gracia que el Señor y la santísima Virgen constantemente nos regalan.

Anexo

El ideal de matrimonio

Gilbert y Joanna Schimmel
(1906 - 1959)
(1909 - 2001)

"Perpetuo y profundo amor"

Anexo

I. Introducción

DIOS está hablando claro a través de los signos de los tiempos: apunta a la necesidad de fortalecer la familia como célula básica de la sociedad y de la Iglesia. La realidad familiar está amenazada en nuestra cultura: La ley del matrimonio que contempla el divorcio vincular es uno más de los tantos signos de desintegración familiar que cada día se van imponiendo en nuestro medio.

Las costumbres y estilo de vida de esta época no se compadecen con lo que debería ser una familia auténticamente cristiana. En este sentido, lo que más preocupa es que a menudo no se toma cabal conciencia de esta situación: nos adaptamos al ambiente sin reparar que éste ya no es reflejo de los valores cristianos.

Nuestros hijos ya no cuentan con una atmósfera cristiana que los proteja. Como el Señor decía a sus apóstoles, tendrán que vivir "en medio del mundo" pero "sin ser de este mundo". ¿Podrán lograrlo? ¿Quién puede asegurarnos que mantendrán incólume su fe y convicciones cristianas, sin ser arrastrados por la fiebre del consumismo, del tener y tener más cosas y del éxito humano que embriagan a nuestra sociedad? Y no sólo esto: ¿podrán nuestros hijos llegar a ser levadura en medio de la masa? ¿Serán capaces de impregnar la cultura adveniente con los valores cristianos?

Anexo

Es grande el desafío que hoy enfrentan los matrimonios cristianos: es necesario una *nueva primavera de santos matrimonios, de familias santas edificadas sobre la base de matrimonios santos.*

La primera evangelización se llevó a cabo fundamentalmente por sacerdotes, religiosos y religiosas consagrados a Dios en la virginidad. Hoy, en cambio, el llamado a la santidad se dirige en primer lugar a los laicos, a la familia. Sin su compromiso por la santidad y su influencia en las realidades temporales, es impensable una cultura cristiana para el tercer milenio. Y somos nosotros y nuestros hijos los que estamos llamados a ganar el nuevo milenio para Cristo.

Por eso nos abocamos seriamente a la tarea de forjar un matrimonio santo. El sacramento del matrimonio entraña por sí mismo la vocación a la santidad y nos confiere las gracias para lograrla. Schoenstatt quiere ayudar en este empeño. El Santuario de nuestra Madre y Reina tres veces Admirable debe convertirse para nosotros, como dice el Acta de Fundación, en "cuna de nuestra santidad". Allí María quiere regalarnos, como matrimonio, las gracias del arraigo en Dios, de la transformación interior y de la fecundidad apostólica, para que podamos alcanzar esa meta. Pero nosotros debemos cooperar con la gracia ofrecida, pues Dios no quiere realizar sus obras solo: *"Nada sin ti, nada sin nosotros"* es nuestro lema.

Ahora bien, una de las ayudas que recibimos en el Movimiento de Schoenstatt, a fin de poder encaminarnos y avanzar por el camino de la santidad, es la doctrina y la práctica del ideal. A continuación, nos referiremos específicamente al ideal de Matrimonio.

Anexo

II. Fundamento del ideal de matrimonio

"EN nuestro mundo moderno –afirma Michael Quoist–, existe un peligro muy superior a la amenaza de las bomba atómicas; es la 'explosión' interior del hombre, y su 'atomización' sicológica o espiritual. Si el hombre domina cada vez más el universo material, parece que, hostigado por las múltiples solicitaciones exteriores, se domina cada vez menos a sí mismo. Precisa rehacer su propia síntesis si quiere vivir y obrar." (Triunfo, p. 29)

Esto, que es válido para el individuo, vale igualmente para la realidad matrimonial y familiar. Es preciso volver a elaborar nuestra síntesis como matrimonio, y el ideal de matrimonio es justamente ese factor unificador en torno al cual se organiza y adquiere coherencia nuestra vida como esposos y como familia. El ideal de matrimonio, además de dar coherencia a nuestra vida, la enaltece: nos recuerda que como matrimonio "nacimos para cosas mayores".

Describiremos, en primer lugar, *el contenido del ideal de matrimonio* desde una triple perspectiva: filosófica, cristológica y sicológica. Se trata siempre de la misma realidad, pero vista cada vez desde un ángulo diferente.

1. El ideal de matrimonio desde la perspectiva filosófica

Entendemos por ideal de matrimonio la idea concreta que Dios tuvo de la pareja al crearlos el uno para el otro en un

Anexo

mismo designio de amor. Cuando Dios concibió a cada miembro de la pareja, los concibió en su mente, desde toda eternidad, el uno para el otro. Es ésta la realidad que ambos intuimos cuando nos conocimos y que luego, progresivamente, fuimos descubriendo y ratificando durante el tiempo de pololeo y noviazgo. Al decidir contraer matrimonio, asumimos consciente y solemnemente el designio de Dios que nos unía para toda la vida.

El pensamiento que Dios tuvo de uno ya incluía el llamado a realizarse en unión y complementación con esa otra persona que él concibió como nuestro compañero o compañera de vida. Nuestras existencias se complementan mutuamente, lo cual implica también que la santidad del uno depende estrechamente del otro y repercute en él. Ambos estamos llamados a constituir una misma comunidad de vida, de amor y de misión. Para ello, Dios nos regala a cada uno cualidades personales que son complementarias con las del cónyuge. También nuestras cargas y cruces debemos llevarlas juntos. Dios nos pensó –por así decirlo– como una elipse, donde dos polos se integran en una sola figura. El tuvo una idea, un "sueño", con nosotros. Como pareja, estamos llamados a descubrir y realizar ese plan de amor original que él proyectó con nosotros y a realizarlo creadoramente a lo largo de nuestra vida.

2. El ideal de matrimonio desde la perspectiva cristológica

Desde otro punto de vista, considerando que el matrimonio natural (la unión en el amor de una mujer y un varón, para toda la vida y abierta a la vida) ha sido elevado a la categoría de sacramento, podemos describir el ideal de matrimonio diciendo que consiste en encarnar, de modo original, la unión de Cristo y la Iglesia; o, si se quiere, de Cristo y María, porque María es el prototipo de la Iglesia y su imagen más perfecta. Recordemos la enseñanza de san Pablo en el capítulo 5 de su Epístola a los Efesios. Allí el apóstol muestra el sacramento del matrimonio en esta perspectiva. El matrimonio es un signo visible de esa misteriosa unión de Cristo y la Iglesia, unión que la pareja conyugal está llamada a realizar en forma concreta y original.

Como matrimonio cristiano, estamos llamados a reflejar en medio del mundo el misterio de amor íntimo, fiel, heroico y fecundo que une, de modo inefable, a Cristo y su Iglesia (a Cristo y María), en una profunda bi-unidad. El sacramento del matrimonio eleva nuestra unión conyugal hasta esta altura. Por el sacramento, recibimos la vocación y la gracia para encarnar y hacer presente hoy ese ideal. Este ideal objetivo, válido para todo matrimonio entre bautizados, se personaliza y actualiza en forma original en cada matrimonio que está llamado a vivirlo de acuerdo a su propia realidad y a los desafíos propios de su época.

3. El ideal de matrimonio desde la perspectiva sicológica

Considerado desde la perspectiva sicológica, el ideal de matrimonio es el impulso fundamental querido por Dios que anima profundamente a los cónyuges. Es el impulso o anhelo, cultivado fielmente con la ayuda de la gracia, que los conduce a alcanzar la santidad matrimonial. El ideal de matrimonio, en este sentido, no es simplemente algo "ob-

Anexo

jetivo", que se nos impone desde fuera, sino que ya vive en germen en nosotros. Pero esto requiere ser asumido y cultivado conscientemente. El ser y la vida de cada uno de los cónyuges posee una riqueza y una fuerza intrínseca, que confieren dinamismo y fecundidad a la comunión matrimonial y, a través de ellas, al núcleo familiar.

Resumiendo, Dios concibió a los cónyuges en un mismo plan de amor. Los creó con una vocación y les dio una tarea común en su plan. Los llamó a encarnar, de modo original, la inefable bi-unidad de Cristo y su Iglesia; para ello, puso en sus almas las fuerzas, gérmenes de vida y anhelos interiores capaces de impulsarlos, desde dentro, a desarrollarse y alcanzar lo que él espera de ellos.

Si consideramos el ideal de matrimonio en esta triple perspectiva, éste adquiere toda su fuerza. Por eso nos preguntamos como esposos: ¿qué pensó Dios con nosotros al llamarnos a unir nuestras vidas para siempre y a ser fecundos en nuestros hijos? ¿Cómo quiere él que encarnemos ese signo de amor sacramental que imprimió en nuestros corazones cuando sellamos nuestra alianza matrimonial ante el altar? ¿Qué germen de vida y santidad debemos cultivar fielmente como nuestra riqueza más íntima? ¿Qué defectos debemos superar a fin de que brille, en nuestra vida, una auténtica santidad matrimonial?

Éstas son las preguntas a las que respondemos al tratar de definir nuestro ideal de matrimonio.

Anexo

III. La búsqueda del ideal de matrimonio

1. En general

Si viviéramos en una atmósfera cristiana, donde los valores cristianos se pudieran asimilar "por osmosis", quizás no necesitaríamos hacer un esfuerzo especial por asumir conscientemente el ideal de matrimonio. De algún modo, esto se daría en forma espontánea o funcional. Sin embargo, como lo señalábamos anteriormente, hoy ya no contamos con esa realidad. Tenemos que asumir libremente y en forma decidida el ideal de formar un matrimonio y una familia profundamente cristianas, y de lograrlo muchas veces "nadando contra la corriente". Si como esposos y como familia no emprendemos un trabajo de autoformación, pronto seremos arrastrados por la corriente y simplemente nos mimetizaremos con el ambiente materialista en que estamos inmersos. Por eso, es importante que nos aboquemos a la búsqueda del ideal de matrimonio.

Pedagógicamente, nos parece aconsejable iniciar la búsqueda del ideal de matrimonio antes de buscar nuestro propio ideal personal. Esto, por una parte, nos llevará de todos modos a definir posteriormente nuestro ideal personal y nos encauzará más fácilmente a un trabajo de autoformación y santificación como matrimonio. Seremos así "una sola carne" también y especialísimamente en nuestra aspiración a la santidad y plenitud de comunión espiritual.

Anexo

En la medida en que descubramos el ideal de matrimonio, indirectamente cada uno va descubriendo, en el contexto del ideal común, su propio ideal personal. De hecho, llegamos a conocernos a nosotros mismos más en el espejo del tú que por introspección individual. Pensemos, por ejemplo, cómo se despertó nuestro yo cuando nos encontramos con el tú y nos sentimos amados por él. Sin embargo, si alguno de los cónyuges ya ha elaborado con anterioridad su ideal personal, de todos modos éste podrá ser integrado en la búsqueda del ideal de matrimonio.

Descubrir el ideal de matrimonio es un don de Dios, ya que es una obra de la gracia en nosotros. Por eso, toda búsqueda en este sentido debe estar precedida por la oración. Antes que nada, *imploramos al Espíritu Santo* para que él nos ilumine y nos ayude a ver nuestra vida y misión a la luz de la fe; para que su gracia nos permita descubrir los gérmenes de vida e impulsos que Dios ha puesto en nuestra alma. Imploramos la gracia de Dios, pero, al mismo tiempo, nos decidimos formalmente a trabajar en nuestro ideal de matrimonio, lo que implica *dedicar tiempo a su búsqueda*: el tiempo necesario para la oración, la reflexión y el intercambio como esposos. De otro modo, sólo tendríamos buenos deseos pero, en la práctica, lograríamos muy poco.

Como cosa concreta, es aconsejable que cada uno tenga un cuaderno donde pueda anotar sus reflexiones y las conclusiones a las cuales va llegando.

Anexo

2. Caminos para buscar el ideal de matrimonio
2.1. Primer camino: recapitular los "sueños" iniciales

Como primer paso para iniciar la búsqueda del ideal de matrimonio, podemos evocar los días del noviazgo y los primeros tiempos del matrimonio. En ese entonces, como algo natural, surgía "soñar" el futuro, imaginarse cómo queríamos que fuese más adelante nuestra vida matrimonial y de la familia que fundábamos; qué ambiente queríamos para el lugar donde vivir; las cosas que emprenderíamos juntos, etc. En todo ello se reflejaba, en forma espontánea, una captación intuitiva del ideal de matrimonio. En esos "sueños", se encontraba ya la expresión germinal de lo que Dios había puesto en nuestros corazones y del plan que él tenía para con nosotros al sellar nuestra alma con la gracia del sacramento.

Preguntémonos por separado lo siguientes:
- ¿Por qué nos hemos elegido uno al otro?
- ¿Qué cosas vimos el uno en el otro?
- ¿Qué "sueños" tuvimos al casarnos?
- ¿Qué pensamos construir juntos?

Luego reunámonos para intercambiar lo que hemos descubierto. Estas u otras preguntas semejantes nos ayudarán a "reubicarnos", haciendo que tomemos nuevamente contacto con lo mejor de nosotros mismos.

Puede ser que hayamos redactado una oración de matrimonio cuando celebramos nuestra boda, o cuando sellamos juntos la alianza de amor con María. Ambas oraciones, la del matrimonio y la oración de alianza, normalmente han recogido los "sueños" o ideales que se tenía especialmente vivos y presentes en esas ocasiones. Es conveniente, por lo tanto, volver a considerar esas oraciones en este contexto.

2.2. Segundo camino: Revisión de la historia personal y matrimonial

Esta fase de la búsqueda del ideal de matrimonio es extraordinariamente importante. Se trata de descubrir al Dios de nuestra historia, para responder, también unidos, a sus innumerables muestras de amor y misericordia. Poseemos la firme convicción de que Dios, por su divina Providencia, ha estado presente en cada paso de nuestra vida. Con su gracia nos ha impulsado y, además, cuando por nuestra culpa nos hemos apartado de sus caminos, nos ha tendido la mano para levantarnos.

Si en la fe dirigimos una mirada retrospectiva a nuestra historia, a las vivencias y acontecimientos que han marcado nuestro desarrollo y nos encaminaron en una dirección determinada, podremos ir descubriendo su plan de amor para con nosotros. Los acontecimientos a lo largo de nuestra historia van despertando nuestras potencialidades y los gérmenes que Dios ha puesto en nuestra alma. En ella vamos descubriendo nuestra estructura de ser y los valores que nos entusiasman.

Para que esto se dé es necesario:

Primero, implorar al Espíritu Santo y darse el tiempo necesario.

¿Cómo descubrir este paso de Dios por nuestra historia y, mediante esta meditación sobre nuestra vida, ganar valiosas luces que iluminen nuestro ideal de matrimonio?

Anexo

Es preciso darse *tiempo para la oración y la meditación personal y también tiempo para intercambiar como esposos.* Esto no resulta fácil si se toman en consideración todos los quehaceres de la casa, los niños y el trabajo. Pero bien vale la pena hacerlo. Se trata de re-ver, re-mirar la propia historia a la luz de la fe en el Dios que nos ha ido conduciendo y que irrumpió en nuestra vida con fuerza.

Insistimos en que hay que dejarse tiempo, *fijar encuentros con día y hora.* Cada uno debe hacer un trabajo personal y, luego, como matrimonio, ojalá cada semana. En todo caso, al menos una vez al mes –en el día y tiempo convenidos– debiéramos reservarnos un tiempo más largo –dos o tres horas– para una conversación más a fondo. Si no somos suficientemente concretos y exigentes, no podremos lograr mucho, ni superar las barreras de una comunicación superficial y de una aspiración mediocre a la santidad.

Segundo, elaborar una cronología de nuestra historia

Para elaborar nuestra historia, se requiere que cada cónyuge por separado haga una cronología de su vida, escribiendo en un cuaderno las vivencias, tanto positivas como negativas, que le parecen más significativas.

Sistemáticamente, podríamos dividir nuestra historia en distintas etapas. Por ejemplo:

1. La historia de cada uno hasta el momento en que se conocieron (niñez, adolescencia, juventud, etc.).
2. La historia durante el pololeo.
3. El tiempo de noviazgo y los primeros años de matrimonio.
4. La llegada de los hijos, etc.

Anexo

Una vez hecho este punteo cronológico, nos preguntamos *cuáles han sido los momentos o vivencias que parecen ser los más importantes* y los subrayamos.

La pregunta siguiente es: ¿qué me dijo Dios a través de este acontecimiento o por esta realidad? ¿Qué mensaje me dejó en esta etapa de mi historia, para mí personalmente y para mi vida futura como esposo o esposa, como padre o madre de mis hijos?

Tercero, establecer un intercambio sobre lo meditado

En los momentos de diálogo que hemos concertado como pareja, rezamos en común e intercambiamos sobre lo que descubrimos en nuestra historia; por cierto, sobre la base de aquello que el otro estimó conveniente comunicar, porque le parecía importante para buscar el ideal de matrimonio. Siempre pueden darse cosas que alguien desea guardar en su fuero más íntimo y tiene pleno derecho de hacerlo.

Aunque parezca una repetición excesiva, es imprescindible fijar con anterioridad el día y la hora de este intercambio pues, de otro modo, "nunca se encuentra tiempo para hacerlo" y así se van perdiendo las oportunidades. Esto requiere disciplina y renuncia a otras cosas.

Si hay oportunidad, esta revisión de la historia podría realizarse durante el tiempo de vacaciones o, incluso, en algún día de retiro. Cada matrimonio debe considerar sus posibilidades concretas. No olvidemos cuánto tiempo solemos dedicar a nuestras relaciones sociales o al trabajo, el que incluso exige a veces ausentarse de la casa por varios días.

Anexo

Este intercambio sobre la propia historia a la luz de la fe práctica en la divina Providencia, significa para la vida de esposos una gran profundización del amor mutuo y de la intimidad; conduce a un redescubrimiento del otro a la luz de Dios.

El encuentro, que normalmente está precedido por un tiempo de oración, ojalá también concluya con una oración en que los esposos agradezcan y también pidan perdón al Señor. Pero no sólo al Señor, sino también mutuamente. Expresarse uno al otro la mutua admiración, la gratitud y también pedirse perdón, es expresión, camino y garantía de la gratitud y de la petición de perdón que dirigimos al Señor.

Este trabajo puede durar meses. Lo importante es que sea continuo y profundo. Tal como lo expresamos más arriba, es conveniente anotar en un cuaderno las conclusiones más importantes que ambos vayan sacando. No es necesario escribirlo todo, pero sí las cosas más relevantes.

Cuarto, sacar las conclusiones

La mirada retrospectiva a la historia personal y matrimonial, nos permite tener una visión de conjunto, percibir cuáles son los signos y llamados de Dios más importantes para nosotros y descubrir las conclusiones que podemos sacar. Como en todo lo anterior, siempre debe combinarse el trabajo personal y el trabajo en conjunto. Ambos son necesarios y se complementan. Por eso, resulta provechoso que cada uno, por su cuenta, trate de sintetizar las conclusiones que saca personalmente de la revisión y luego ambos las pongan en común. De esta manera, se produce el consenso y se van perfilando los acentos que cada uno pone, es decir, aquello con lo cual cada cónyuge se siente más identificado. Se trata de dos vidas que confluyen en un mismo cauce, y esas vidas continúan animando ese cauce desde dentro, para hacerlo cada día más caudaloso y fecundo.

Quinto, redactar un salmo de gratitud

Sugerimos que la pareja, al terminar esta etapa, elabore un salmo de gratitud, al modo de los salmos con que Israel meditaba y recordaba las "maravillas" de Dios en su historia. En ese salmo, se puede ir enumerando las cosas descubiertas como paso de Dios en nuestra vida, tanto en los momentos de éxito y felicidad como en los momentos de prueba y de cruz. Ese salmo de gratitud de los esposos puede rezarse en ocasiones especiales como, por ejemplo, en cada aniversario de matrimonio. Y luego, cada año, se puede ir agregando nuevos motivos de gratitud.

2.3. *Tercer camino: buscar los valores que están más vivos en los esposos*

Este camino de búsqueda del ideal de matrimonio complementa los anteriores. Consiste en que ambos cónyuges se preguntan cuáles son los valores que más los atraen y por los cuales estarían dispuestos a jugarse, personalmente y como matrimonio. Se sitúan en el hoy y miran al futuro. Confluye aquí todo lo que se ha intercambiado y madurado en los otros pasos, pero ahora mirando expresamente al presente y al futuro. Los esposos se plantean entonces las siguientes preguntas:

- ¿Qué nos sentimos llamados a ser y a realizar como matrimonio?

Anexo

- ¿Qué rostro deseamos para nuestra vida de matrimonio y de familia y para dejar como herencia a nuestros hijos?
- ¿De qué nos sentimos cada uno particularmente responsables?

Como ayuda complementaria, se sugiere preguntar a algún matrimonio amigo cómo los ven ellos, qué imagen y mensaje dan como pareja y familia. En cierta etapa de la vida de un grupo, también suele hacerse la siguiente dinámica que resulta ser especialmente fecunda: todos los miembros del grupo, después de haberlo meditado, expresan a cada matrimonio los valores y el mensaje que ellos transmiten. Es aconsejable que lo expresado verbalmente sea también entregado por escrito, de modo que el matrimonio pueda meditar posteriormente lo que se le dijo. Los aspectos negativos no se mencionan en el grupo, pues se considera más oportuno hacerlo personalmente.

Esta reflexión, igual que las etapas anteriores, debe estar acompañada *de la oración y de las contribuciones al capital de gracias,* pues se trata de descubrir el plan de Dios y éste sólo se percibe a la luz de la fe, que es regalo de Dios.

Anexo

IV. Tentativa de Síntesis

1. Recapitulación

Habiendo recorrido los caminos antes señalados, estamos en condiciones de formular nuestro ideal de matrimonio.

Recapitulemos todo lo visto como resultado de los caminos de búsqueda que hemos recorrido:

- el plan de Dios que se nos ha revelado al considerar nuestra "historia sagrada";
- el ideal de santidad que nos plantea el sacramento del matrimonio tal como lo percibimos de acuerdo a nuestra realidad;
- los desafíos que Dios nos presenta por los signos del tiempo.

Hecha esta recapitulación, procuremos puntualizar y sintetizar lo siguiente:

- *los valores o actitudes fundamentales que nos sentimos llamados a encarnar e irradiar* (los valores centrales, es decir, los dos o tres valores principales que resumen o incluyen a los otros) y, por otra parte,
- las *tareas principales que nos sentimos movidos a realizar* como matrimonio, como familia y en el ámbito del Movimiento, de la Iglesia, del trabajo, etc. Son todas tareas que brotan y refuerzan las actitudes o el alma de los esposos. No se trata de un trabajo analítico, sino de síntesis, de simplificación. Por lo tanto, no debemos complicarnos sino formular elementos centrales, es decir, lo que más nos atrae y motiva.

Anexo

2. Diseñar un "Escudo de familia"

Si recorremos la historia y la vida de la Iglesia, nos encontramos con un hecho: siempre los ideales se han expresado simbólicamente en banderas, estandartes o escudos. Esto lo podemos observar tanto en la vida profana como en la vida de la Iglesia. Recuérdese, por ejemplo, el escudo papal de Juan Pablo II con la letra "M" de María, junto a una cruz, y su lema "Totus tuus". Basándonos en esa experiencia proponemos elaborar un escudo de familia.

Sugerimos, primero, dar un paso previo: se dibuja un escudo con cinco campos:

- El primero está dedicado a nuestra historia: colocamos en él algún símbolo que recuerde los dos o tres hitos fundamentales de la misma.
- El segundo campo está dedicado a la relación de los cónyuges: ¿cuál es la actitud más propia y distintiva que caracteriza su relación mutua? Se coloca también un símbolo que exprese esta actitud.
- En el tercer campo, expresamos nuestro ideal en relación a la familia, a nuestros hijos: ¿cuál debiera ser la atmósfera que deseamos que reine en nuestro hogar? Ponemos en ese campo algo que exprese simbólicamente esto.
- En el cuarto campo, expresamos en él simbólicamente lo más característico de nuestro espíritu apostólico.
- Y, por último, en el quinto campo, simbolizamos lo más propio de nuestra relación al mundo sobrenatural.

Este diseño nos puede orientar

Anexo

En un segundo paso, se considera las constantes que se dan entre lo que se ha puesto en cada campo del escudo.

Al elaborar nuestro escudo de familia definitivo, con relativa facilidad se advierte la posibilidad de simplificar los símbolos, ya que los valores que representan, muchas veces, coinciden. Al mismo tiempo, cotejamos esto con los resultados que se obtuvo en los caminos de búsqueda que se recorrió anteriormente. Así, los esposos pueden conseguir bastante claridad respecto a su ideal de matrimonio y pueden escoger el o los símbolos que más los interpretan. Por ejemplo, para una familia, una simple llama en el centro del santuario puede significar el resumen de todos sus ideales. O bien, la imagen de Nazaret o de los lirios del campo. De suyo, el símbolo posee más fuerza emotiva y sugiere mucho más que las palabras.

3. Formulación del ideal de matrimonio

Cuando hemos llegado a este punto, ya podemos *formular el ideal.* El ideal de matrimonio puede formularse

- con *un nombre,* como, por ejemplo, "Hogar de Nazareth", "Cenáculo", etc.
- y con u*n lema,* como "Nuevo Belén para la Iglesia", "Familia santa, heroica en la entrega", etc.

Se entiende que el matrimonio ya ha puntualizado las actitudes fundamentales que ese ideal expresa. Por ejemplo, si se trata del ideal de Nazareth, estas actitudes podrían ser: la unidad familiar, el trabajo en unión a Cristo, el espíritu de oración (unidad, trabajo, oración).

Anexo

Al comparar las formulaciones de varios matrimonios, podría ocurrir que fueran semejantes, pero, de cualquier modo, lo que cada matrimonio entiende y siente detrás de esas palabras, siempre poseerá una coloración propia y original.

4. Oración del ideal de matrimonio

Al término de esta etapa de búsqueda, *redactamos una oración de matrimonio* –más o menos del largo de un Padrenuestro o de la Pequeña Consagración– en la que se resumen nuestros ideales y anhelos; se los ofrecemos a la Santísima Virgen y al Señor, pidiéndoles la gracia de poder encarnarlos.

Pedagógicamente, lo más importante es que los esposos cuenten con algo que les permita recordar "su mundo" en forma rápida y que fácilmente hable al corazón: un símbolo, un lema, una canción, etc., que pueden conservar en su pieza o en su santuario-hogar, o poner sobre el escritorio, en un libro, etc., es decir, en aquellos lugares donde viven y trabajan. De este modo, sin mayor reflexión, "su secreto" aflorará a la conciencia, los unirá al cónyuge y a Dios y refrescará los ideales que inspiran su vida conyugal y familiar.

Anexo

V. Conformar la vida según el ideal de matrimonio

1. Un nuevo camino de santidad matrimonial

De poco serviría haber formulado un ideal de matrimonio y tener una oración como esposos, si no se da un trabajo posterior de autoformación tanto individual como de ambos en común. El ideal de matrimonio hay que cultivarlo fielmente, poniendo en práctica los medios ascéticos que Schoenstatt ofrece.

En el caso de personas casadas, el camino de autoformación adquiere una modalidad especial. No se trata de dos personas que son cada cual responsables de su propia santidad, sino de dos que forman una singular bi-unidad por el sacramento del matrimonio que ha sellado su unión esponsal. Ellos están llamados a santificarse y a luchar en común por el ideal de un matrimonio y de una familia santa, como un solo ser. Los medios de autoformación en la espiritualidad tradicional estaban fuertemente marcados por la responsabilidad y vocación de cada cual como individuo. No existía en la Iglesia una viva conciencia del llamado a la santidad matrimonial y, como consecuencia, tampoco se daba un camino de autoformación en el cual se expresara y concretara un trabajo común en el orden de la santificación.

Ciertamente siempre el individuo será el último responsable ante Dios de la respuesta al llamado personal que de

Anexo

él recibe y de su cooperación con la gracia. Sin embargo, más allá de lo que pueda ser una ayuda mutua general comunitaria en el camino de la santidad, por el sacramento del matrimonio, se da en ellos una realidad singular. Ellos, de acuerdo a la Palabra del Señor, "serán una sola carne", lo serán también y especialmente en el camino de la santidad. Cada esposo es particularmente responsable de la santidad de su cónyuge. Por el sacramento, son "un solo ser" en el llamado y en la respuesta a la gracia sacramental conferida.

De esta forma el "por ellos me santifico" de Cristo, que se ofrece por nosotros, en su caso, tiene que llegar a convertirse en un ethos o una cualidad moral única: juntos están llamados a amar al Señor y a conformar "una iglesia doméstica"; juntos están llamados no sólo a engendrar a sus hijos sino también a ser fuente de santificación de los mismos. El don de la unidad esponsal debe conducirlos a prestarse en todo un mutuo apoyo, en el orden natural y sobrenatural, en la oración, en la entrega al Señor, en su apostolado, en la cruz que deben asumir y en su tarea profética, sacerdotal y pastoral como padres.

Es en este contexto en el cual los esposos asumen y ponen en práctica los medios de autoformación que Schoenstatt les ofrece. Cuando buscan y definen su ideal de matrimonio, ellos deben también personalmente formular su propio ideal personal. Y si han formulado ya su ideal personal, deben llegar, a partir de él a la formulación de su ideal matrimonial. Cada uno tiene que asumir entonces el trabajo con el examen particular, el horario espiritual y demás ayudas o medios ascéticos. Sin embargo, el camino de autoformación como esposos adquiere una riqueza y posibilidades extraordinarias cuando se aplica consecuentemente lo que recién hemos señalo: el "orden de ser" matrimonial se debe traducir en un adecuado "orden de actuar" o de autoformación como esposos.

Destacamos algunos aspectos que nos parecen especialmente importantes en este contexto.

2. Las "4 R"

Así como la Iglesia, a partir de la experiencia descubrió que era necesario asegurar ciertas prácticas religiosas en forma más concreta pidiendo a los fieles participar semanalmente en la eucaristía y recibiendo al menos una vez al año el sacramento de la reconciliación; así como cada comunidad religiosa llega a fijar ciertas prácticas o costumbres que expresan y aseguran el camino de santidad de sus miembros, así también la experiencia ha mostrado como ayudas eficaces para los esposos ciertas prácticas. Nos referimos a lo que hemos denominado las **"4 R"** que no son sino puntos concretos de un horario espiritual propio de una persona casada. Estas son:

- Rezar diariamente como esposos
- Reencantar semanalmente su unión esponsal
- Revisar su vida mensualmente a la luz de la fe práctica
- Renovar su ideal matrimonial anualmente.

Se trata de asegurar dimensiones centrales de la vida matrimonial que concretan la cooperación con la gracia del sacramento que han recibido.

Anexo

2.1. Primera R: *Rezar juntos diariamente*

Pertenece a todo matrimonio cristiano el rezar juntos como matrimonio, además de rezar con los hijos. Por el sacramento del matrimonio constituyen una Iglesia doméstica, en la cual los ministros son ellos como esposos y lo propio de la Iglesia es rezar. Es coherente con ello que un matrimonio logre elaborar un estilo de oración en común. Muchos piensan que no lo pueden hacer porque "cada uno reza distinto", porque "cuando uno quiere rezar, el otro está cansado" o que "el otro es muy 'latero' para rezar", o bien "que no hay tiempo para hacerlo", etc. Pueden ser válidas estas razones, pero para una infinidad de cosas los matrimonios han tenido que acomodarse el uno al otro y crear un estilo y formas o costumbres comunes. Desde que se despiertan en la mañana hasta que se duermen, han llegado a establecer un *modus vivendi* como matrimonio. ¿No tendrían también que llegar a un *modus orandi* como matrimonio.

Quizás muchos ya han intentado hacerlo, pero lo que puede faltar es la constancia para lograr el hábito, o bien, se han puesto al inicio metas demasiado altas. Es más conveniente empezar con algo muy simple. Por eso, proponemos comenzar rezando un Padrenuestro, un Ave María, la Pequeña Consagración. Nadie puede decir que no tiene estos dos o tres minutos para rezar. Lo único que se pide es hacerlo en forma adecuada, dedicada, no cuando ya se está acostado o casi durmiendo. Lo hacemos en cambio en el santuario hogar, de pie o de rodillas, ante la imagen del Señor y de María, encendiendo un cirio, todos los días, controlándolo en nuestro horario espiritual.

A partir de esto, después de tres o cuatro meses que lo hayamos hecho, podemos agregar una lectura de la Biblia. Luego se puede ir agregando otras cosas: peticiones, acción de gracias, alabanzas, etc. *La meta es que cada matrimonio tenga un rito de oración en común,* una pequeña liturgia.

2.2. *Segunda R: reencantar el amor*

Todos sabemos que un amor que no se cultiva se va marchitando. De allí la necesidad de reavivar o reencantar constantemente el amor mutuo. La gran fuerza que nos mantiene, que nos hace crecer, es el amor. El gran problema es que esto, que es importante, lo vamos relegando por otras cosas "más urgentes". De allí que sugerimos asegurar este pilar central de la vida matrimonial con un punto concreto en el horario espiritual: es necesario dejarse un tiempo –definido en día y hora– una vez a la semana en el cual los esposos vuelven al "primer amor", a aquello que estaba extraordinariamente vivo en el tiempo del pololeo y del noviazgo: el entretenerse juntos, el hacer "panoramas" que vitalizaban su unión, el "perder el tiempo" juntos, es decir, simplemente estando el uno con el otro, saliendo a caminar juntos o yendo a tomar un helado en el café más cercano, para practicar hobbies o deportes en común, etc.

No se trata de dejarse un tiempo para "dialogar" como matrimonio, sentándose el uno junto al otro para hablar de los hijos, del apostolado o de los problemas que estaban enfrentando como pareja, etc. Se trata de un tiempo en que ambos se regalan el uno al otro; un tiempo que se dedican mutuamente, en que se retomen aquellas cosas que hacían cuando novios, cuando abundaba la creatividad propia del verdadero amor.

Hoy día, con el tren de vida que se lleva, muchas veces por el apremio del trabajo, por la dedicación a los hijos, siempre se posterga ese encuentro como esposos. Por eso es importante fijar un momento semanal; de otro modo.

Para que no suceda que siempre es el mismo cónyuge quien invita y quien recuerda, conviene hacerlo en forma alternada: una semana invita la esposa, la otra, el esposo, de tal manera que al planificar el encuentro estemos pensando qué es lo que le gusta al otro y no simplemente lo que yo quisiera hacer.

Esto es fundamental para la vida de matrimonio y para la vida de familia. El primer deber ante los hijos es mostrarles cómo se ama y cómo se cultiva un amor para mantener viva su lozanía y encanto.

2.3. Tercera R: revisión de vida mensual

Hemos descrito anteriormente en qué consiste la revisión de vida mensual (ver pág.XX). El matrimonio supone el trabajo de autoformación personal, pues es una comunidad que se edifica sobre la base del aporte y entrega de cada uno de los cónyuges. Ahora bien, esta labor personal encuentra una ayuda y un estímulo únicos cuando ambos cuentan con el estímulo, el apoyo, el consejo y acompañamiento del otro en el camino de santidad matrimonial y familiar.

Esta realidad se concreta en forma especial cuando los esposos se dejan mensualmente un tiempo adecuado para hacer su revisión de vida mensual. La inician implorando

Anexo

juntos al Espíritu Santo. Luego cada uno se deja el tiempo necesario (alrededor de media hora) para revisar el mes pasado a la luz de la fe práctica en la divina Providencia y para revisar su examen particular y horario espiritual.

Luego ambos se reúnen para intercambiar sobre el paso de Dios por sus vidas. Sin duda, coincidirán en muchos de los regalos y también en las pruebas y cruces que deben asumir. También cada uno habrá vivido cosas individualmente que han sido especialmente significativas para él, pero que también, por la comunión conyugal, pertenecen al otro. Juntos tratarán entonces de desentrañar lo que Dios les está diciendo a través de las circunstancias y de las voces del alma. Este intercambio en profundidad no sólo los llevará más cerca de Dios sino que, al mismo tiempo, enriquecerá extraordinariamente su unión sacramental.

También ambos pueden ayudarse y aconsejarse mutuamente en relación al cumplimiento de su examen particular y horario espiritual, y también, por cierto, revisarán los propósitos que puedan haber asumido como matrimonio y familia.

Luego pasarán a una segunda fase, abordando lo que les plantea en desafíos de crecimiento el mes próximo, personalmente como también en cuanto esposos. Tanto en la reflexión anterior como en ésta, el cuaderno personal puede significar una valiosa ayuda.

Después de este trabajo personal, nuevamente se reunirán para intercambiar lo meditado y, si es el caso, para asumir algún compromiso en alguna dimensión de su vi-

Anexo

da como esposos y padres, en el campo del trabajo o en el apostolado.

Luego de este intercambio, concluyen su revisión de vida, rezando juntos, dando gracias al Señor, pidiéndole perdón por las faltas y ofreciéndole su entrega y compromiso.

2.4. Cuarta R: renovación anual

Al igual que cualquier empresa o actividad tiene un objetivo a largo plazo, los cónyuges, como matrimonio y familia, debiesen tener, en la línea de su ideal de matrimonio, un objetivo anual.

Esto debiera formar parte de la renovación integral que hacemos durante las vacaciones. Tomamos vacaciones porque queremos renovarnos física y espiritualmente. Ese es también el momento para mirar el año y ver qué quisiéramos alcanzar, delineando un plan anual. De esta forma, el ideal de matrimonio es visto nuevamente en su conjunto, como aquello que orienta nuestra vida e inspira su desarrollo.

La renovación anual se realiza en modo análogo a la revisión de vida mensual.

Si el matrimonio logra conquistar este ritmo diario, semanal, mensual y anual, por el cultivo de la "4 R", habremos logrado asegurar prácticas y costumbres que significan una gran ayuda en la conquista de una santidad auténticamente matrimonial.

Hicieron historia

José Engling (1898 - 1918). Su participación, como miembro de la congregación mariana, fue decisiva. Asumió la histórica alianza de amor con María, alianza fundante de Schoenstatt, en forma tan profunda y responsable que, con el tiempo, el P. Kentenich lo llamó *"documento vivo de la fundación de Schoenstatt"*. Durante su corta vida, encarnó las ideas y formas de vida que constituyen la espiritualidad de Schoenstatt guiado por su ideal personal: *Todo para todos, como pertenencia absoluta a la Madre de Dios.* Murió durante la Primera Guerra Mundial en los campos de batalla, el 4 de octubre de 1918.

Hna. M. Emilie Engel (1893 - 1942). Se consagró a la MTA en 1925. Colaboro en la fundación de la Comunidad de las Hermanas de María. Fue miembro del Consejo General, Superiora Provincial y Maestra de Novicias y de Terciado. Por naturaleza, era una persona llena de miedos, inseguridades y angustias, los que fue venciendo por su abandono incondicional a la voluntad del Padre y en una entrega total a María. Esta entrega filial la expresaba con su lema: *Sí, Padre, sí, Madre,* en cada circunstancia de su vida. El P. Kentenich decía: *"La Hna.Emilie fue una hija de la Providencia de pies a cabeza".*

Gertraud von Bullion (1891 - 1930). Fue la primera mujer miembro del Movimiento de Schoenstatt y fundadora de la Federación de Mujeres, que inició las ramas femeninas en el Movimiento. Impulsada por su ideal, *Reina y Madre, como tu instrumento, todo mi amor para Jesús, toda mi fuerza para las almas,* dedicó su vida al desarrollo de la Federación y Liga de Mujeres. Enfermó de tuberculosis y debió abandonar sus actividades, pero supo transformar su enfermedad en una oportunidad para servir a los otros y al Movimiento de Schoenstatt, poniéndose enteramente a disposición de Jesús y de María.

P. Albert Eise (1896 - 1942). Fue un fogoso apóstol de María y participó en los años de fundación del Movimiento. Como sacerdote palotino, fue un estrecho colaborador del P. Kentenich con quien trabajo activamente en la fundación de la Obra de Familias de Schoenstatt. Estuvo prisionero junto al P. Kentenich en el campo de concentración de Dachau donde dió su vida para testimoniar su entrega total a la misión de la Santísima Virgen, entrega que estuvo iluminada por su ideal personal: *Apóstol ardiente de María.* Sus restos reposan en el "Campo de las Cruces Negras" detrás del Santuario original de Schoenstatt.

Hicieron historia

Franz Reinisch (1903 - 1942). Sacerdote palotino nacido en Austria, trabajó especialmente con las ramas masculinas del Movimiento. Es el único sacerdote católico ejecutado en tiempos del Tercer Reich. Fue reclutado por el ejército y movido por su radicalidad y consecuencia con su ideal personal, *"Inconmovible como las montañas de mi patria"*, se negó a jurar lealtad a Hitler, aunque esto implicara su propia muerte, el dolor de sus padres, poner en tela de juicio a Schoenstatt, a su comunidad de palotinos y a otros sacerdotes y cristianos que sí habían jurado lealtad a Hitler. Fue encarcelado y decapitado.

Karl Leisner (1915 - 1945). Dirigente de la juventud católica alemana, ejerce un apostolado en el sentido de Schoenstatt. La frase que determinaría toda su vida, apostolado y el núcleo de su ideal fue: *"Mi pasión es Cristo"*. En diciembre de 1940, es llevado al campo de concentración de Dachau, donde toma contacto con el P. Kentenich. Allí, junto a todo un grupo de schoenstattianos, se consagra a la Madre tres veces Admirable con el ideal de *Victor in vinculis*, es ordenado sacerdote y allí celebra su primera y única misa. Fallece el 12 de agosto de 1945. El Papa Juan Pablo II lo beatifica el 23 de junio de 1966.

Joao Luiz Pozzobon (1904 - 1985). Un sencillo hombre nacido en Brasil que llega a ser un auténtico y apasionado instrumento en las manos de María. Su profundo amor mariano lo llevó a dedicar todo su tiempo a la Campaña del Rosario. Caminó más de 140.000 kilómetros llevando sobre sus hombros la imagen de *"la Virgen Peregrina"* para que visitara a las familias en sus hogares. Se sentía urgido por esa grandiosa misión y la realizó con heroísmo, venciendo obstáculos y dificultades, lo que expresaba en su ideal:*"Héroe hoy, no mañana"*… *"Sólo pronunciando estas palabras no temo nada más…."*.

Mario Hiriart (1931 - 1964). Uno de los fundadores del Movimiento Apostólico de Schoenstatt en Chile, se consagró al Instituto Secular de los Hermanos de María. Se entregó heroicamente a cuanto emprendió: crecer en su vida de fe, ser fiel a su deber como estudiante y profesional, tomando como ideal personal: *"Como María, cáliz vivo, portador de Cristo"*. Fue un apóstol de los jóvenes, a quienes acompañó en el camino de su lucha por la santidad. Un hombre coherente en quien la vida era la comprobación de sus palabras, fue ejemplo vivo de santidad laical. Muere a los 33 años. Está en proceso de canonización y ha sido declarado *Siervo de Dios*.

Hicieron historia

Bárbara Kast (1959 - 1968). Miembro de la Juventud Femenina del Movimiento de Schoenstatt en Santiago, conscientemente se dejó seducir por la Madre tres veces Admirable en su Santuario de Bellavista y se dedicó de lleno a las actividades del Movimiento. En su corta vida, no se encontrarán acontecimientos espectaculares; en esto reside su valor: Bárbara hizo palpable cómo una joven puede entregarse a un ideal apasionada y totalmente. El suyo lo expresó diciendo: Quiero ser un *"Tabernáculo de Dios, portador de Cristo y de Schoenstatt a los hombres"*. Selló su alianza de amor el 8 de diciembre de 1967.

Gilbert Schimmel (1906 - 1959) - Joanna Schimmel (1909 - 2001). Se casaron en 1933 y tuvieron tres hijos. Conocieron al P. Kentenich en Milwaukee y la gran amistad que nació entre ellos los llevó a formar el primer grupo de matrimonios en USA, *"Matrimonios Pioneros"*, que sellaron su alianza de amor con la MTA en 1956. Como matrimonio asumieron el ideal *"Perpetuo y profundo amor"*. Gilbert ofreció su vida como un "segundo José Engling para los Estados Unidos". Murió de cáncer en 1959. Joanna enfrentó su viudez teniendo como desafío el llegar a ser *"Hija del Padre"*. Nunca abandonó su amor a Jesús y a María ni su gran admiración por su amado Gilbert.

Índice general

Presentación 7

Primera parte
La tarea se autoeducarse 11

1. La autoformación: una tarea central 13
   - 1.1. Somos seres germinales 15
   - 1.2. Somos seres polivalentes 16
   - 1.3. Somos seres amenazados 16
   - 1.4. Somos seres limitados 17
2. El imperativo de autoformase 19
   - 2.1. La autoeducación, un imperativo del tiempo 20
   - 2.2. Debemos autoeducarnos como personas sólidas 23
   - 2.3. Tenemos que ser personalidades libres 24
3. Cooperar con la gracia 27
4. Autoformación y ascesis 31

Segunda parte
Caminos de autoformación 37

1. El ideal personal 39
   - 1.1. Importancia y definición 39
   - 1.2. Caminos para descubrir el ideal personal 45
       - 1.2.1. Caminos intuitivos de búsqueda del ideal personal ... 48
       - 1.2.2. Nuestra historia como fuente de conocimiento del ideal personal ... 51
       - 1.2.3. La estructura personal como punto de partida para encontrar el ideal personal ... 58
           - a. Las pasiones 59
           - b. La pasión dominante "concupiscible" o el ansia de dar y recibir amor ... 62
           - c. La pasión dominante "irascible" o ansia de conquista ... 63

Índice general

1.3. Formulación del ideal personal	67
1.3.1. Labor de síntesis	67
1.3.2. Formular un lema y escoger un símbolo	68
1.3.3. La oración del ideal personal	71
1.4. Internalizar el ideal personal	73
1.4.1. Las renovaciones del ideal personal en general	74
1.4.2. Las renovaciones frecuentes del ideal personal	77
1.4.3. Revisión de los acontecimientos a la luz del ideal personal	80
1.4.4. Programar, decidir y tomar nuevas iniciativas a la luz del ideal personal	81
2. El propósito o examen particular	83
2.1. El examen particular en general	83
2.2. La originalidad schoenstattiana del propósito particular	88
2.2.1. El propósito particular que elijamos debe estar íntimamente unido con el ideal personal	88
2.3. La elección del propósito particular	92
2.4. Las renovaciones del propósito particular	96
2.5. La ayuda de una concreción	99
2.6. La duración del propósito particular	101
3. El horario espiritual	103
3.1. Importancia del horario espiritual	103
3.2. Contenido del horario espiritual	106
3.3. Cómo determinar el contenido del horario espiritual	108
3.4. Control por escrito del horario espiritual	111
4. El sacramento de la reconciliación y la "cuenta mensual"	115

Índice general

Tercera Parte
Medios complementarios de autoformación — 121
1. Revisión del día, meditación de la vida
   y cuaderno personal — 123
   1.1. Revisión del día — 123
   1.2. La meditación de la vida — 125
   1.3. El cuaderno personal — 127
2. Renovación espiritual mensual — 129
   2.1. Desarrollo de la renovación — 130
   - *Ponerse en presencia de Dios* — 130
   - *Revisión del mes pasado* — 131
   - *Mirada al mes próximo* — 132
3. La dirección espiritual — 133

Anexo
El ideal de matrimonio — 137
I. Introducción — 139
II. Fundamento del ideal de matrimonio — 141
   1. *El ideal del matrimonio desde la perspectiva filosófica* — 141
   2. *El ideal del matrimonio desde la perspectiva cristológica* — 142
   3. *El ideal del matrimonio desde la perspectiva psicológica* — 143
III. La búsqueda del ideal de matrimonio — 145
   1. *En general* — 145
   2. *Caminos para buscar el ideal de matrimonio* — 147
IV. Tentativa se síntesis — 154
   1. *Recapitulación* — 154
   2. *Diseñar el "Escudo de familia"* — 155
   3. *Formulación del ideal de matrimonio* — 156

Indice general

  4. *Oración del ideal de matrimonio* — 157
V. Conformar la vida según el ideal de matrimonio — 158
  1. *Un nuevo camino de santidad matrimonial* — 158
  2. *La "4R"* — 155
  3. *Formulación del ideal de matrimonio* — 156

Hicieron historia — 167